児童生徒理解のための教育心理学

第2版

古屋喜美代・関[illegible]子 編
Kimiyo Furuya, M[illegible]ogino

Ec[illegible]onal
Psy[illegible]hology
2nd Edition

ナカニシヤ出版

まえがき

このテキストは主として教職課程履修の大学1・2年生を対象としています。まだ学生の皆さんは教師という仕事に対して漠然としたイメージしか描けていない段階にあるでしょう。このテキストを活用した学修を通して，皆さんに教師としての子ども理解の糸口をつかんでほしいと考えます。

いま求められる教師像とは，具体的には，理論と実践の往還のなかで学び続ける力，コミュニケーション力をつけチームで対応する力，子どもが自ら学ぶ主体的な学習・探究を実現する力をもつ教師です。そうした力を育むための基盤としての「教育心理学」が，教育現場，実践からかけ離れたものであってはならないでしょう。本書は，「教育心理学」の基本知識を学びながら，読者の皆さんがボランティアで関わる子どもたち，これまで出会った子どもたち，これから出会うであろう子どもたちの姿を重ねあわせて理解を深められることを目指しました。

例題の提示

そうしたことが可能になるように，章の内容と関わり深い事例や問いを章の初めに提示しています。読者の皆さんはまずは例題を読み，皆さんなりに提示された問題をどのように理解するかを考えてみてください。例題を念頭に置きながら，教育心理学の研究はどのような知見を蓄積してきたかを自分の頭の中で整理するつもりで読んでください。教育心理学の提示する知見が研究上の話に終わるものでは決してなく，教育現場の生きた子どもの姿にどのように重なるものであるかをぜひともつかみ取ってください。章の最後は，例題を考える節でしめくくられています。問題を理解する教育心理学上の一つの視点として，また皆さんの理解の視点と比べながら読み，改めて例題について考えを深めていただきたいと考えます。

キーワード・キーパーソンと発展図書案内—復習と発展理解へ

各章にはその章を学ぶうえで重要なキーワード・キーパーソンが挙げられています。教員採用試験を受ける際に必要となる重要用語・人物でもあります。章の学修を終えてから章の最初の頁に戻って，ぜひともキーワード・キーパーソンを見返してみてください。各章で語られた教育心理学の内容はキーワード・キーパーソンに凝縮されていますし，キーワード・キーパーソンから内容の要約が浮かんでくるならば十分な理解がなされたということになります。もし思うように浮かんでこない場合は，キーワード・キーパーソンを手がかりに再度拾い読みをしていくと効率的に理解できるでしょう。

さらに各章末には発展図書案内が数冊紹介されています。章の内容を基礎にステップアップして，発達，学習，教育実践について深く学びたい，最新の教育心理学情報を知りたいという方の期待に応えることができると思います。

コラムの活用

各章に一つのコラムがあります。章の内容に関連し，教育現場における切実なトピックスを取り上げ，その問題に造詣の深い方に話題提供をしていただきました。短いですが，教育現場をめぐる多様な問題に触れ，考えを拡げる機会としてください。

教育現場で求められる教師像として言及されることの多い「実践を振り返る力」とは，子どもの姿や教育実践をただ見ていれば見えてくるというものではありません。見るべき指針を自分のなかにもって初めて見えてくるもの，子どもの姿を捉える重要な気づきが可能になっていくものだと考えられます。学習については，子ども自らの主体性を生かす姿勢，教師自身も学び続ける姿というものを意識したいと考えます。

こうした点を踏まえて，1章から4章で発達領域，5章から7章で学習領域を論じ，8章で教育評価を取り上げました。また心理的不適応や発達障害を取り上げた9，10章では，教育現場における「チームで対応する力」の大切さやポイントを意識し，連携を形成する教師の姿勢や学校体制に触れました。11章は，これまで学んできたことを基礎に教師と生徒の関わりを論じています。

執筆者は大学の教職課程に携わり，教員養成や教育現場の支援に関わっておられる方々です。

このテキストが中学校・高校の教師，そして小学校の教師を目指す方々にとって，子ども理解の糸口を与え，教職の世界に誘うものとなることを期待しています。

最後になりましたが，執筆いただきました先生方，企画から刊行に至るまで，フットワークよく京都から横浜までお出でいただき私たちを励ましてくださった，ナカニシヤ出版編集担当の山本あかねさんに心より感謝いたします。

古屋喜美代　関口昌秀　荻野佳代子

第２版にあたって

お陰様で本書は出版から10年が経過し８刷を重ねることができました。

この間，日本だけでなく世界の状況は大きく変わり続けています。大きな世界の変化のうねりのなかで，これからを生きる子どもたちの育ちと学びは変わっていかざるをえない状況にあります。いじめや不登校，それらにも関連する発達障害，虐待，貧困，ヤングケアラー，外国につながる子どもたち等，日本の子どもを取り巻く状況は複雑で多様化しています。こうした状況に教師はどのように子ども理解を深めて支援をしていくのか。教師の過重労働が社会問題となり，子ども支援のためにも学校外リソースを含めたチームアプローチが求められています。

学習指導要領も新しくなりました。何を知っているかより，それをどう使うか何ができるか，主体的・対話的で深い学び，探究へと，学習の在り方は変わっています。また未曽有のコロナ禍による教育現場での感染の広がり，子どもの体験の不足，人間関係を構築する機会が奪われる状況は，成長過程の子どもたちの関係の希薄化，孤立化を促進しているのではないかという大きな危惧があります。一方で，学校のICT教育の推進は一気に進みました。

子どもの発達と学習を捉える視点の基本の不易を大事にしつつ，時代の変化を意識して改訂に取り組みました。特に９章では不登校に対する捉え方や，非行の背景となる発達上の課題の変化，10章ではこの10年での特別支援教育の支援を受ける児童生徒数の増加を踏まえ，全体を改訂しました。さらに最終11章は，社会の変化のなかで子どもたちが未来を切り拓いていくために，発達の一側面としてのキャリア発達とその支援に焦点をあて新たに書き起こしました。

このテキストが，変化と多様性の時代を担う子どもたち，その生きる力を育てる教員養成の一助となることを願います。ご執筆いただきました先生方，今回の改訂を支えていただいた編集担当の山本あかねさんに感謝申し上げます。

編　　者

目　次

コラム

1章
発達の基礎

例　　題

小学校４年生のＡは，体格がよく，行動の仕方が乱暴なところがある。他の子どもにきつい言葉を言ったり，ふざけるなかで荒々しく押してしまったりする。このためおとなしい子や女子のなかには，Ａといっしょになることを敬遠する者もいた。

あるとき，教室で担任教師が座って仕事をしていると，後ろからＡが飛びついてきて，教師の首をギュッとしめつけるかっこうになった。教師は思わずカッとなり，Ａの腕をふり払うと，「危ないでしょう！　どうしていつもそういうことをするの！」と怒鳴ってしまった。Ａは教師の剣幕に驚いたふうであった。その後も友だちとＡの小競りあいがあると，教師は「またＡか」とイライラしながらＡに指導をした。

徐々にＡは教師に対して挑戦的な態度や言葉を投げつけるようになっていった。中学には「気になる子ども」として申し送りがなされた。

問　　い

・担任教師の態度とＡの行動の変化との関係を考えてみよう。

キーワード：発達加速現象，発達段階，遺伝と環境，アタッチメント，最近接発達領域

キーパーソン：スキャモン，ピアジェ，エリクソン，ゲゼル，ワトソン，ボウルビィ

1. 発達を捉える視点

将来教師として教壇に立つかもしれないあなたは，子どもの行動をどのように見るだろうか。子どもの発達を学ぶということは，実は大人自身のもつ子ども観を見直すことでもある。

①子どもは意思をもつ：大人はつい子どもを指示して動かそうとする。大人の意に反するとすぐに「わがままな子ども」として見ていないか。

②子どもは自ら学ぶ：大人は子どもが失敗しないように先回りし，よかれと思って，早期教育や習い事などさまざまな経験を用意する。与えられたレールの上ではなく，子どもが自ら試行錯誤する機会を奪ってはいないか。

③子どもには個人差がある：子どもは心身ともに発達途上にあり，発達の進み方には大きな個人差がある。遅かったり，失敗したりしながら，それぞれのペースで学ぶ。得意，不得意もある。大人が「早く，ちゃんと」と繰り返すのは平均を気にしているためである。いつも平均と比べられている子どもは，あるがままの自分ではだめなのだと感じてしまう。

本章では子どもの発達を捉えるための基礎知識を学び，次章から「発達と学習」について発展的に学んでいく。

[1] 発達曲線と発達加速現象

まず，子どもについて身体面の発達の特徴を理解しよう。発達のすじ道は一定であるが，必ずしも均一の速さで進むものではない。これを示したのが**スキャモン（Scammon, R. E.）の発達曲線**である（図 1-1）。思春期の入り口にあたる 12 歳ごろを見ると，脳はほぼ成人なみに成長しているが（神経型），身体全体は発達途上である（一般型）。生殖器官はほとんど発達していないが（生殖型），リンパ組織は急激に発達して免疫機能は大人のレベルを超えている（リンパ型）。その後，生殖器官，身体全体の発達に伴い，リンパ系は大人のレベルに落ちつく。リンパ系の充実が特に思春期入口には必要とされている。

思春期には声変わりや初潮・精通等の第二次性徴が出現する。時代とともに食生活や生活環境が改善し，子どもの身体的発育と性的成熟が早まっている。これを**発達加速現象**という。身体的発達と精神的発達のずれが大きくなること

図1-1　スキャモンの発達曲線（Scammon, 1930；山内, 1989）

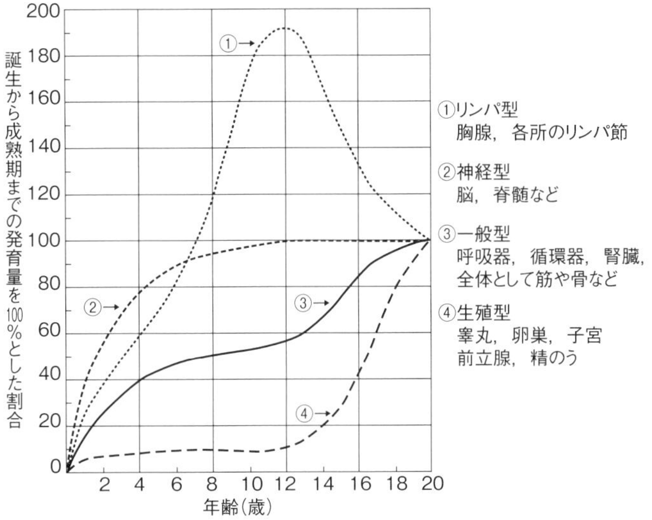

は，現代の子どもたちが大人になっていくうえでの困難を抱える一因となる。

[2] 子どもを理解する枠組みをもつ

人間の精神的発達過程にはすじ道＝段階があり，どのような文化・社会においても量的・質的変化の基本は共通する。子どもの発達段階を知ることが，子どもを理解する基礎的な枠組みとなる。大人は子どもを成長のプロセスにある存在として捉え，今現在だけを見るのではなく，時間的流れのなかに子どもの状況を位置づけ，発達段階をおさえて理解することが必要となる。

たとえば，家庭でも学校でも優等生の良い子であった生徒が登校を渋り始めたとする。不登校傾向という現在の現象は大きな問題状況である。しかし，これまでの成長過程において周囲の期待に必死に応えてきた子どもが息切れし，思春期に入り自己を形成し直す段階に入ったと考えられないだろうか。そうであるならば，休息と自己と向きあう時間を保障し，子どもに寄り添う支援が求められるであろう。たとえ大人にとって「都合の悪いこと」であっても，子どもの発達段階と成長のプロセスから見ると，現在の現象の「意味」が見えてくる。そこから子どもに対する必要な支援が生まれる。

ただし，一人一人の子どもの状況には，個人差があるうえに，環境等さまざまな要因が絡んでいる。単に一般論の発達段階を子どもに当てはめて，その子どもをわかった気になってはならない。

[3] 代表的発達段階

人間の発達段階の区分には，重きを置く視点によって異なるものがある。代表的なものとして，表 1-1 にピアジェ（Piaget, J.）とエリクソン（Erikson, E. H.）の発達段階を示す。ピアジェは認知発達の質的変化による発達段階を提起している。頭の中にイメージすることができる表象が生じる時期やどのような操作ができるかをもとに，頭の中で論理的思考が可能になるまでの発達段階を示した（2 章 4 節参照）。

大人にとって当たり前の認知が，子どもにとっては当たり前ではないこと，子どもならではの認知の特性があることを踏まえて学習指導や対人関係の支援を行うことが，教師の力量向上につながる。

エリクソンはフロイトの影響を受け，心理・社会的側面に焦点をあてた発達段階を提起している。各段階には達成すべき発達課題があり（肯定的側面），同時に充足されない危機（否定的側面）もある。危機を経験しないことが望ましいわけではなく，両者をともに経験し総体として肯定的側面が勝ることで発達課題が達成されるとする（4 章 3 節参照）。

現代は貧困・虐待など子どもをとりまく環境が多様化し，年齢相応の発達課題に取り組むことができずに苦しむ子どもたちが増えている。そうした複雑化

表 1-1　発達段階

時　期	ピアジェ 認知的発達段階	エリクソン 心理社会的発達課題
乳 児 期	感覚運動期	信　頼 対 不　信
幼児前期	前操作期	自律性 対 恥，疑惑
幼児後期	↓	自発性 対 罪悪感
児 童 期	具体的操作期	勤勉性 対 劣等感
青 年 期	形式的操作期	同一性 対 同一性拡散
成 年 期	│	親密性 対 孤　立
中 年 期	│	世代性 対 停滞性
老 年 期	↓	統合性 対 絶　望

した社会にあるからこそ，エリクソンの発達段階を通して基本的な自我の成長プロセスを捉え，子どもの発達課題についての理解を深めることが必要となる。

[4] 個性を捉える―パーソナリティの理解

子どもたちはそれぞれがユニークな個性を発達させる。さまざまな個性をもった子どもたちが集まっているからこそ，学級という集団は面白くなるのであり，多様な相互作用が生まれるのである。しかし教師の同じ働きかけが，ある子どもには励ましとなり，別の子どもには脅威と感じられることがある。場合によっては，教師は子どもの個性に応じて働きかけ方を変えていかねばならない。

養育や教育に関わる大人には子どものパーソナリティを的確に捉える力が必要となる。また，子どもは成長に伴い自分自身のパーソナリティを理解することで，進路や生き方を見出すことが可能となる。

では，パーソナリティは心理学的にはどのように把握されるのだろうか。パーソナリティの捉え方には，類型論と特性論の2つがある。**類型論**は，パーソナリティをいくつかの類型に分類するもので，わかりやすい反面，多様な個性をひとくくりにしてしまうことになる（クレッチマー（Kretschmer, E.）の体格と性格の3類型など)。交流分析という心理療法をもとに作成された性格検査であるエゴグラムは，人の心のあり様を5つに分けて捉えてグラフ化し，グラフの傾向に当てはまる性格傾向や行動パターンを類型化して捉えるものである。

特性論は，パーソナリティを多くの特性から構成されるとし，特性それぞれの量的な違いの組み合わせで捉える。特性論はオルポート（Allport, G. W.）に始まり，因子分析という統計手法によって基本的な特性を抽出して広まった。その一つにビッグ・ファイブ理論があり，外向性，協調性，誠実性，情緒的安定性，経験への開放性の5つの特性からなる。特性論により，Y-G（矢田部ギルフォード）性格検査など，手軽で簡便な質問紙による性格検査が開発されている。性格検査は，青年期の生徒に対して，自己理解を深める心理教育に活用していくことができる。

2. 発達における遺伝と環境

子どもの発達を考えるうえで「氏か育ちか」の遺伝－環境論争は，現在は二者択一的なものではなく，遺伝子に書き込まれたことがどう実現するかは環境に依拠すると考えられている。遺伝子は喩えていえば，設計図ではなく料理のレシピのようなものである（保坂，2010）。1% 異なる設計図は1% 異なる建築物になるが，遺伝子は料理のレシピのようにさじ加減（環境）で大きく変化しうる。教師が子どもの問題状況に向きあうとき，ともすると「家庭」（環境）のせいにしすぎたり，子ども自身の器質的特性（遺伝）ばかりに目が向くなどの偏りが生じる。発達上の課題は，遺伝的な要因と環境的な要因が相互作用しあうなかで生じていることを前提に，多面的に分析することが必要である。以下では，古典的論争に触れたうえで，遺伝と環境の相互作用について理解しよう。

[1] 遺伝か環境か

古典理論としてゲゼル（Gesell, A.）の成熟説とワトソン（Watson, J. B.）の環境説がある（重野，1994）。ゲゼルは一卵性双生児を対象に一方の幼児のみに階段登りの訓練を行った。その結果，訓練を受けた幼児は早く階段登りが上達したが，後で訓練を開始した幼児はすぐに階段登りが上達し，間もなく両者の差はなくなった。成熟を待たずに訓練しても意味はなく，発達においては成熟がより重要だとする考えで，遺伝重視であった。

ワトソンは行動主義心理学の提唱者である。人間は，精神面は白紙の状態で生まれてきて，その後の条件づけによって精神的特性が形成されると彼は考えた。ワトソンの言葉に「私に１ダースの赤ん坊を与えてくれたら，そのうちの一人を取り，医者にでも法律家にでも泥棒にでもしてみせよう」という趣旨のものがあり，これが20 世紀初頭当時の階級社会への挑戦でもある環境説であった。

[2] 遺伝も環境も―輻輳説

シュテルン（Stern, W.）は，遺伝と環境の加算モデルで発達を捉え，これ

図 1-2　ルクセンブルガーの図式（Luxenburger, 1943）

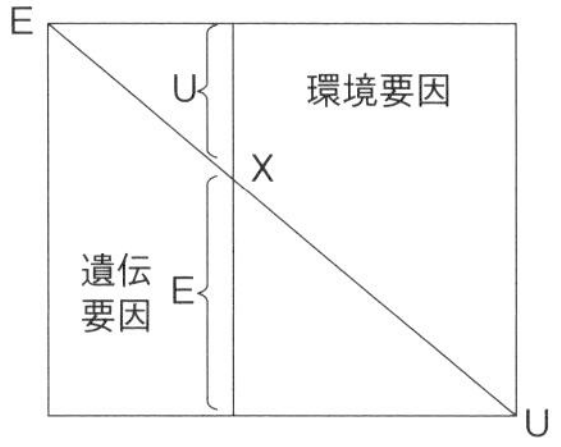

を輻輳説という。図 1-2 は輻輳説を示すルクセンブルガー（Luxenburger, H.）の図式である。どのような機能も遺伝と環境双方の影響を受けるが，機能によって寄与する割合が異なる。対角線の X に位置するある機能の発現には，環境要因が U，遺伝要因が E の割合で寄与する。たとえば，身長は遺伝の要因が大きく，パーソナリティの発達では環境の要因が大きく寄与する。

［3］遺伝と環境の相互作用説

輻輳説は単純な加算モデルであるが，現実には遺伝と環境の要因は相互に影響を及ぼしあう。これを相互作用説という。相互作用説の一つにジェンセン（Jensen, 1969）の環境閾値説がある（図 1-3）。たとえば，輻輳説で遺伝要因が大きいとされる身長は，極度の栄養不良状況におかれると伸びない（遺伝的特性が発現しない）。ただそこでの遺伝要因発現の閾値は低く，さほど好条件でなくても身長は伸びるであろう。一方絶対音感は閾値が高く，最適な環境条件に恵まれてはじめて遺伝的特性が発現することになる。

図 1-3　環境閾値説（Jensen, 1969）

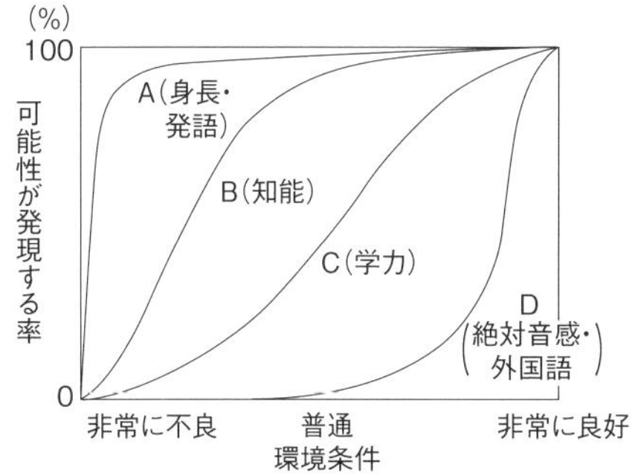

また相乗的相互作用モデルという捉え方がある（Sameroff & Chandler, 1975）。親の働きかけが子どものパーソナリティ形成に影響するだけでなく，子どもの特性が親に影響を及ぼし，両方向の影響が相乗的に作用しあうというものである。たとえば，乳児には生まれつき穏やかで育てやすい気質の子，むずかりが多く育てにくい気質の子がいる。難しい気質の乳児を抱えた親の場合，育児に疲れ，子どもを可愛く思えなくなり，子どもに対する応答性が低くなるリスクは高まる。親からの関わりが薄くなった子どもは，過敏であったり落ち着きがなかったり，難しさが増幅され，結果的に情緒的問題を生じることがある。親への支援を考えるうえでは，親の養育態度だけを取り上げるのではなく，負の相乗的相互作用を踏まえて，親が感じる育てにくさに共感しながら支援を行う必要がある。教師と子どもの関係においても同様の悪循環は生起しうる。たとえば子どもの発達障害の特性を教師が把握しておらず，不適切な叱責を繰り返すことで子どもの問題行動が悪化し，反抗的になっていく。こうした負の相乗的相互作用が生起していないか，客観的俯瞰的に捉える力が教師には求められる。

3. アタッチメントと発達の可塑性

[1] アタッチメントの形成

子どもの発達の基盤として最初に深く影響を及ぼす環境要因に**アタッチメント（愛着）の形成**がある。アタッチメントとは子どもが特定の養育者に示す情緒的な絆である（Bowlby, 1969）。ボウルビィは，特定の養育者からあやしてもらうといった関わりを与えられずに育った子どもは，発達全般に遅れが見られることを報告し，養育者と子どもの情緒的関わりの重要性を提起した。子どもはアタッチメントを形成した養育者への接近・接触を求め，養育者は子どもにとっての安全基地として機能する。安定したアタッチメントを形成できていないと，子どもは安心して養育者から離れて探索的に外界に関わっていくことができない。

子ザルを使ったハーロウ（Harlow, H. F.）の実験は，安全基地の重要性を示している。生後間もなく母ザルから隔離された子ザルに，針金製の人形（ミル

図 1-4　ハーローの子ザルの実験（Harlow, 1959）

クが出る）が与えられた場合と，布製の人形が与えられた場合を比較した（図1-4）。どちらの人形からミルクが出ても，子ザルは多くの時間を布製人形と接触して過ごした。子ザルにとっては空腹を満たす対象より，身体接触の快を満たす対象が重要なのである。

さらに，この子ザルの檻に，恐怖を引き起こす見慣れないオモチャを入れて反応を調べた。子ザルは布製人形にしがみつくが，時間が経つと自分からオモチャに近づいていくようになる。つまり，布製人形を安全基地として，探索行動を始めたのである。この布製人形がない状態では，子ザルは檻の隅に縮こまり，探索行動をすることはなかった（井上，1979）。

人間と子ザルでは安全基地の質は異なるが，人間の場合もアタッチメント対象である養育者を安全基地として，知的好奇心を発揮して探索行動を行うことができ，精神発達が促される。安定したアタッチメントの形成が健全な発達において重要なのである。

［2］アタッチメントの個人差

アタッチメントの質はどのように測られるのであろうか。エインズワース（Ainsworth, 1969）はストレンジ・シチュエーション法を考案して，乳児のアタッチメントの個人差を類型化した。養育者（この場合母親）と子どもとの相互作用場面に見知らぬ人が入室し，乳児をおいて母親が退室し，母子の分離場面や再会場面での乳児の行動を調べる手法である。乳児は A，B，C の3タイプに分類されたが，その後メインとソロモン（Main & Solomon, 1990）はいず

表 1-2　アタッチメントのタイプ

タイプ	母子分離・再会時の乳児の様子
A　回避型	分離時に泣くことがなく，再会してもどことなくよそよそしい。
B　安定型	分離時に泣き再会すると甘えるが，容易に落ち着き，活動を再開する。
C　抵抗型	分離時に激しく泣き，再会時に母親に身体接触を求めながら叩くなど怒りや抵抗を示す。容易に落ち着かない。
D　無秩序・無方向型	突然のすくみ，顔をそむけて母親に接近するなど。近接と回避の相反する行動が同時的，継時的に生起する。

れにもあてはまらない行動を示す一群の子どもたちをＤタイプとした（表 1-2）。

アタッチメントの個人差には乳児の気質と養育者の感受性・応答性の両者が影響している。アタッチメント安定型であるＢタイプの乳児の場合，養育者の情緒的応答性は高い傾向にある。アタッチメント不安定型のうち，Ａタイプでは養育者の感受性・応答性が乏しい，Ｃタイプでは養育者の応じ方に一貫性を欠く傾向があるとされている。混乱した不合理な行動を示すＤタイプには養育者の抑うつ・不安定さ，虐待が関連しやすいといわれる。Ｄタイプの場合，安全基地であるべき養育者が子どもに恐怖や危機を感じさせる張本人となっている可能性がある。

アタッチメントの形成は人という存在への基本的信頼感の獲得につながり，成長に伴って広がる対人関係を築くための基盤となる。乳幼児期に形成されたアタッチメントは次第に内化し，他者との身体的接近がなくとも頭の中のイメージ（内的ワーキングモデルと呼ぶ）として他者との関係において働くようになるといわれる。ただし，アタッチメントのタイプや内的ワーキングモデルはその人の対人関係のもち方に影響を及ぼすが，不変のものではなく，関係性のなかで変わりうるものである。

[3] 不適切な養育と発達の可塑性

①発達の可塑性

ボウルビィの報告にあるように，早期の安定した養護性（母親に限定するものではない）のはく奪は子どもの発達に望ましくない影響を与える。しかし初期経験に問題があった場合でも，後の養育環境の改善により，発達の遅れを取り戻すことが可能であるとわかってきている（発達の可塑性）。

1989 年ルーマニアのチャウシェスク独裁政権下で劣悪な環境の施設にいた孤児たちが救い出された。養子に出された多くの子どもたちは順調に身体面，知的発達面の遅れを取り戻していった。ただし，施設で過ごした時間の長い子どもの回復は良くなかった。身体・知的発達面の回復に比べて，アタッチメントＤタイプの子どもが通常に比べて多いなど，社会情緒面の影響は残った（数井・遠藤，2005）。

人間の発達は可塑性をもつが，そこには限界もある。できるだけ不適切な養育を早期に発見して，早期に介入していかねばならない。

②児童虐待

虐待は，現代の子育ての問題として急増し，社会問題となっている。虐待として相談・対応した件数は虐待の氷山の一角である。虐待を受けた子どもの多くはアタッチメントの不安定さと歪みを示し，その後の対人関係や精神的健康に大きな影響を受け，青年や大人になっても傷つき苦しむ。児童相談所による虐待相談対応の多くは乳幼児と小学生であるが，被虐待の子どもは心のケアを含めて長期にわたる支援を必要としている。

子どもへの虐待は次の 4 つに分類される。

①身体的虐待：苦痛，外傷，生命の危機を生じる暴行。

②ネグレクト：不適切な養育，放置，保護の怠慢。

③性的虐待：性的暴行，性的行為の強要。

④心理的虐待：子どもに心理的外傷（不安，おびえなど）を与える行為。言葉による脅し，拒否的態度，無視，DV（家庭内暴力）の目撃など。

家庭という密室で起きる虐待は外から見えにくく，現状では実母による虐待が最も多い。子どもに接する時間の長い教師は職務上虐待を発見しやすい立場にあることを自覚し，その早期発見に努めなければならない。乳幼児段階ではケガや衣服の様子など身体面から気づくことが多いが，学童期以降は子どもの行動面の変化として現れやすくなる。子どもの気がかりな行動（落ち着かない，攻撃的である等々）の背景に虐待がないか十分な注意が必要である。

虐待を受けた子どもが不信に満ちて大人をためし振り回したり，攻撃的であったりすることは少なくない。教師は一人で問題を抱え込むのではなく，スクールカウンセラーやスクールソーシャルワーカー，他の教師と共に支援を継続することが必要である。たとえ養育者と安定したアタッチメントを築けない場合であっても，子どもにとって他の重要な大人（保育者や教師，親戚など）と安定したアタッチメントを築ければ，子どもは救われるのである。重要なことは学校が子どもにとって安心できる場であり，味方であり続けることである。

4. 発達と教育

ゲゼルの成熟説では，学習の準備態勢（**レディネス**）ができるのを待って教育を行うことがよいとされた。しかし，学習は個人的なものであるだけでなく，社会文化的システムのなかで他者との協同行為を通して行われるものでもある。社会文化的システムを通して発達と教育の関係について考えてみよう。

[1] 社会文化論

ヴィゴツキー（Vygotsky, 1959）は，発達を文化のなかにあるものを他者との協同活動を通して自身のなかに取り込むことと捉え，「子どもが独力で解決できる水準」と「援助によって解決できる水準」に分けている。この2つの水準の間の領域が**最近接発達領域**であり，教育とはその領域に働きかけることであると考えた。

ブルーナー（Bruner, J. S.）は，最近接発達領域において大人が行う援助を足場かけ（scaffolding）と呼ぶ。子どもの現在の発達水準を理解し，適切な援助（足場）を与えて次の水準に到達させるが，徐々に足場を外して，子どもが自力で課題解決できるように促していく（中澤，2008）。

現在求められる「主体的・対話的で深い学び」にあたる協同学習（班学習やプロジェクト活動など）は，子ども同士の相互作用を通して，お互いの最近接発達領域に働きかけが生まれ，子どもたちの認識水準が高まることを目指した教育であるといえる（7章3節参照）。

[2] 状況的学習論

レイヴとウェンガー（Lave & Wenger, 1991）は，学習は社会的状況に埋め込まれており，学習と状況は切り離せないと捉える。学習者は共同体に参加した新参者として，まずは周辺的な位置づけで参加し（正統的周辺参加），徐々に共同体のなかで重要な役割を果たすようになっていく（十全的参加）。学習は社会的な参加過程を意味する。

転入した子どもが学級に参加していく過程を見ると，はじめ課業や休み時間に他の子どもの行動を遠巻きに見ながら，様子をしっかりと見ている。そのうち徐々に誘われて部分的な活動を担い始め，学級の文化になじんでいく。正統的周辺参加から十全的参加への学習過程である。

学校教育全般には，状況に埋め込まれた多様な学習過程がある（中澤，2008）。

①教師（熟達者）の行動を生徒（新参者）がモデリングする。

②教師は生徒に助言やフィードバックを通して，足場かけを行う。

③生徒が上達するにつれ，教師は足場を取り除き，生徒に自力で課題解決をさせる。

④教師は，生徒に自らの学習を振り返らせ，反省をもとに自立的に課題を見つけて取り組むように支援する。

学習面にせよ生活面にせよ**状況的学習論**の視点に立ってみると，子どもが学校場面に適応していく過程で起こる問題状況は個人の問題だけに帰すべきではないことがわかる。必要とされる足場かけがなされているかなど，場全体の問題として捉え直すことができるであろう。

5. 例題について考えてみよう

例題の A の行動について考えてみよう。小学生という発達途上にある A は，自分の行動が相手にどのような影響を与えるかをまだ十分に考えて行動できていない。他の子どもよりも体格がよく力が強いのに，何も考えず甘える気持ちでふざけ半分に担任教師にとびついたのであろう。

ところが，仕事中で虚を突かれたかたちの教師は怒りにかられて厳しく叱責をしてしまった。A の教師に対する親愛の気持ちはまったく受け入れられなかった。担任教師には A は「問題児」に思え，その先入観がトラブル時の指導に重なっていた。Ａは担任教師が自分を「問題児である」という見方をしていることに敏感に反応し，徐々に反発を強めていったものと思われる。

教師が子どもに対してある種の期待をもって関わると，その期待の方向に子どもは成長する傾向がある。これを**ピグマリオン効果**といい，一般的には良い方向の効果をさす。しかし大人の期待効果は，悪い方向にも働きうる。例題の教師のまなざしは，Ａにマイナスの方向での効果を与えてしまったのではなかろうか。人は誰しも自分を肯定的に見てくれる相手に心をひらく。肯定的なまなざしで子どもを見ることができているかどうか，教師自身の姿勢を問い直してみるべきであろう。

発展図書案内

数井みゆき・遠藤利彦（編）（2007）．アタッチメントと臨床領域　ミネルヴァ書房

→本書は，臨床現場の実践とアタッチメント研究を橋渡しするものである。障害，虐待，精神病理，児童福祉ケア，不登校などさまざまな臨床領域でのアタッチメント研究から，具体的な治療・介入について論じている。

友田明美（2017）．子どもの脳を傷つける親たち　NHK 出版

→脳研究に取り組む小児精神科医が，不適切養育（虐待）が脳を物理的に傷つけ，学習意欲の低下や精神病理等を引き起こすことを明らかにしている。科学的見地から子どもの脳を解明し，子どもの健全な発達に必須の愛着形成について述べている。

引用文献

Ainsworth, M. D. S. (1969). Object relations, dependency and attachment : A theoretical review of the infant-mother relationship. *Child Development, 40,* 969-1025.

Bowlby, J. (1969). *Attachment and loss.* Vol. 1.*: Attachment.* Hogarth.(黒田実郎他(訳)(1976). 母子関係の理論 1：愛着行動　岩崎学術出版社)

Harlow, H. F. (1959). Love in infant monkeys. *Scientific American, 200,* 68-74.

保坂　亨（2010）．いま，思春期を問い直す―グレーゾーンにたつ子どもたち　東京大学出版会

井上健治（1979）．子どもの発達と環境　東京大学出版会

Jensen, A. R. (1969). How much can we boost IQ and scholastic achievement. *Harvard Educational Review, 39,* 1-123.

数井みゆき・遠藤利彦（2005）．アタッチメント　ミネルヴァ書房

厚生労働省（2021）．令和２年度児童相談所での児童虐待相談対応件数〈https://www.

mhlw.go.jp/content/000863297.pdf〉
Lave, J., & Wenger, E. (1991). *Situated learning : Legitimate peripheral participation.* Cambridge University Press.（佐伯　胖（訳）(1993). 状況に埋め込まれた学習　産業図書）
Luxenburger, H. (1943). Kurzer Abriss der psychiatrischen Erblehre und Erbgesundheitsplege. In E. Bleuler (Ed.), *Lehrbuch der Psychiatrie.*
Main, M., & Solomon, J. (1990). Procedures for identifying infants as disorganized/disoriented during the Ainsworth Strange Situation. In M. T. Greenberg, D. Cicchetti, & E. M. Cummings (Eds.), *Attachment in the preschool years.* Chicago, IL : University of Chicago Press. pp. 161-182.
中澤　潤（編）(2008). よくわかる教育心理学　ミネルヴァ書房
Sameroff, A. J., & Chandler, M. J. (1975). Reproductive risk and the continuum of caretaking causality. In F. D. Horowitz et al. (Eds.), *Review of child development research.* Vol. 4. Chicago, IL : University of Chicago Press.
Scammon, R. E. (1930). The measurement of the body in childhood. In J. A. Harris, C. M. Jackson, D. G. Paterson, & R. E. Scammon, *The measurement of man.* Minneapolis, MI : University of Minnesota Press.
重野　純（編）(1994). キーワードコレクション心理学　新曜社
Vygotsky, L. S. (1956). 柴田義松（訳）(1962). 思考と言語　上・下　明治図書
山内光哉 (1989). 発達心理学（上）　ナカニシヤ出版

コラム 1　児童虐待―学校から児童相談所へのつながり

「前から怪我やあざが多くて気になっている子どもがいたんです。今日も目の横にあざがあって，聞いてみたらお父さんに殴られた，とはじめて言ってくれたんです」。

「いつも朝食を食べていないし夕食もあるのかないのか，給食をガツガツ食べます。風呂にもはいっていないらしく何日も同じ服を着続けているので臭うようになってきた子どもが心配です。声をかけてもにらんできて，友だちにもすぐにカッとなって暴力を振るうので，遠巻きにされています。なかなか家庭に連絡がつかなくて家の様子がわからないんです」。

小中学校からの虐待やその疑いの通告は毎日のように児童相談所（児相）に入る。虐待かもしれないという目をもって見れば介入や援助が必要なケースは珍しいことではない。見過ごされることでだんだんエスカレートしていき不幸な結果になる危険が高いことが知られ，通報が増えてきている。

まず，児相や市区町村の窓口に一報を入れることは大切である。「児相に伝えると子どもを施設に入れられてしまいかわいそうではないか？」「親は一生懸命しつけをしているのに虐待を疑っては悪いのでは？」などの心配があるかもしれないが，早急に関係機関で集まって情報共有をして初期対応のアプローチの方法と役割分担を相談することが必要なのである。

児相が学校へ出向いて子どもに面接を行う場合もあるが，まずは担任や養護の先生など子どもが一番安心して話せる先生が子どもから事情を聞きとり児相職員へのつなぎ役となることも多い。一つとして同じケースはないので，子どもに必要以上の不安を与えないようにケースに応じたきめ細かい，そしてすばやい対応が求められる。

2章
認知発達

例　題

ふたのない箱のなかに，木の玉が20個入れてある。そのうち2個の玉の色は白で，残り18個は茶色である。これを子どもに見せて，「箱の中には茶色の玉の方が多く入っているか，それとも木の玉の方が多く入っているか」と質問してみる。これに対して，子どもはどのように答えるだろうか。

当然，木の玉の方が多いと答えると思うかもしれない。ところが年齢によって答えは異なってくる。5歳から7歳の子どもの場合，そのようには答えない。むしろ，「茶色の玉の方が木の玉より多い」と答える傾向がある。どうしてそう考えるのかと質問すると，その子たちは，「だって，白い玉は2つしかないから」というように答える。

この子たちが，箱の中の玉全部が木の玉だとわかってないのかというと，そうではない。箱の中の玉が何でできているかと質問すれば，子どもたちは全部木の玉だと答える。20個全部が木の玉であることはわかっている。それなのに，茶色の玉が白より多いから，茶色の玉が木の玉より多いと答えるのである。

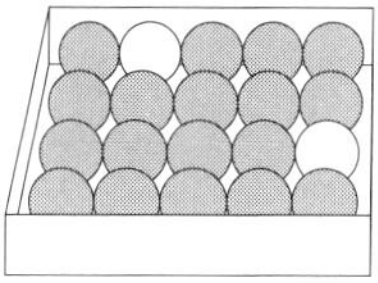

問　い

・このような発達の事実をどのように考えたらよいだろうか。

キーワード：知能，具体的操作，形式的操作，心の理論，メタ認知
キーパーソン：スピアマン，サーストン，ガードナー，ケーラー，ピアジェ

1. 認知発達と知能

認知とはふつう「認識」といわれるもののことだが，心理学では認知能力を指して「知能」(intelligence) と呼んできた。この章ではその発達を扱う。

知能をどのように考えるかは，じつは難しい話なのだが，いちばん簡単にいってしまえば，「知能検査」で測定されたものが知能だということになる。しかし，それを単一と考えるか複数と考えるかで論争があった。

また認知の対象に関しても，最近では広く考えるようになってきた。認知する自分を認知する行為まで含めて考える。認知の対象を広げていくことは当然ながら，知能を単一のものとしてよりは多様なものとして考える見方につながっていくことになる。

そうはいっても認知発達を考えるうえで中心となるのは，やはりこれまで研究されてきた知能検査で測定されるような知能である。**知能検査**が重視しているのは，言語的記憶，言語的推理，数の推理，論理的順序の理解，および日常生活の問題をどう解決するかを述べる能力などである。

知能検査が測定する「知能」について単一と考えるか複数と考えるかについて，スピアマン (Spearman, C. E.) は「一般知能」概念を主張した。これに対して，サーストン (Thurstone, L. L.) は多因子説を唱え，ギルフォード (Guilford, J. P.) は 150 もの「知能因子」を識別した。

このような対立状況のなか，「専門家の多くは，一般知能の考え方を好んでいる」とガードナー (Gardner, 1999) はいう。

しかし，これは過去の話といってよい。このようにいうガードナー自身が多重知能の提唱者だからである。

2. ガードナーの多重知能説

ガードナーの**多重知能説**で重要なところは，知能を分ける根拠をそれまでの多因子説とはまったく別のところに求めたことである。サーストンらの多因子説は知能検査に関する因子分析からの主張である。知能検査を前提とする限りでスピアマンと同じ土俵に立っている。それに対して，ガードナーは知能検査とは別のところに知能の基準を求めたのである。

たとえば，脳のある部分が損傷を受けて多くの能力が損なわれても，言語能力が損なわれずに残ることがある。ここから1つの知能として言語的知能が取り出せる。また，自閉症児は社会的能力に問題があるが，彼らのなかには音楽の演奏や数の計算に傑出した能力を示す者がいる。ここから音楽的知能と論理数学的知能を，それぞれ1つの知能として取り出せる。

以上のようにしてガードナーは合計8つの基準を使って，知能を「言語的知能」「論理数学的知能」「音楽的知能」「身体運動的知能」「空間的知能」「対人的知能」「内省的知能」の7つの知能にわけた。これ以外にも，たとえば，「博物的知能」を1つの知能として取り出すことも可能だとしている（Gardner, 1999）。

図2-1は，7知能説に則って，具体的生活場面においてそれらの知能がどのように働いているかを示した模式図である。

この図では，言語的知能・空間的知能・身体運動的知能の3つがワーキングメモリ（作業記憶）の上にのっている。**ワーキングメモリ**というのは，何かをするために覚えておく働きである（5章2節参照）。それは脳のなかのある個所にあるとされる（久保田，2001）。図2-1では3つの知能がいま働いている。榊原（2002）によれば，図2-1は，「スキーをしながら昨夜の友との会話を思い出しているときの状態」を描いたものだという。斜面をスキーで滑るために，空間的知能と身体運動的知能を働かせている。スキーが得意な榊原は，スキーをしながらでも，昨夜の友人との会話を思い出す余裕がある。この会話を思い出すために言語的知能を働かせている。

ガードナーの拡大された知能概念の特色は，伝統的な知能概念が重視してきた言語的知能と論理数学的知能以外の能力を，知能として位置づけたことである。なかでも，「対人的知能」が意味をもつ。このような対人関係的能力が注目されるようになった背景を一つ紹介する。

1995年米国で，“Emotional Intelligence”（感情的知能）という本（邦題『EQ』）が出版され，大きな話題となった。IQ（知能指数）は学校での成功を予測するには妥当だが，社会での成功予測としては信頼性が大きく落ちる。社会のなかで生きていくには，自分の感情をコントロールすること，他人の感情

図 2-1　多重知能とワーキングメモリ（榊原，2002，一部改変）

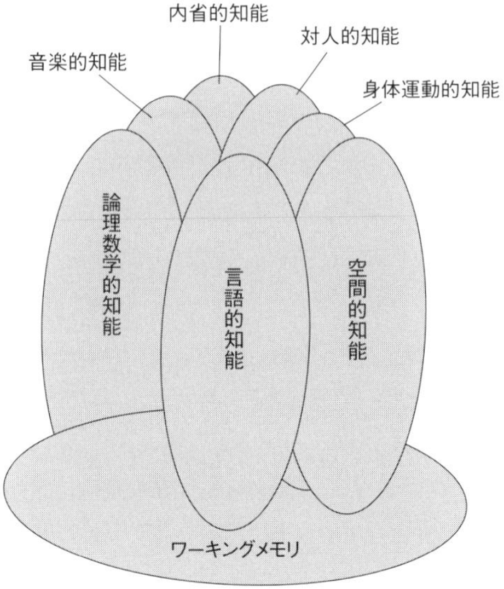

ワーキングメモリの上に「言語的知能」「空間的知能」「身体運動的知能」がのって作動している状態。

を理解すること，他人と一緒に働けること，他人に共感を抱くことなど，感情を扱うスキルや能力が重要だとゴールマンは主張した（Goleman, 1995）。

3. ケーラーの実験

知能の中核は何か。それを探るためにチンパンジーを対象に実験したのが，ゲシュタルト心理学の提唱者の1人でもあったケーラー（Köhler, W.）である。

チンパンジーを檻の中に入れ，檻の中から手を出しても届かない位置にバナナを置く。そして，そばに棒を置く。すると，あるチンパンジーは，手を出しても届かないと諦めたように30分以上横に寝たきり，バナナを気にしないようにしていた。ところが，外で走り回っていた仲間のチンパンジーたちが，バナナに気づいて近づいてくると，急に跳び起き，棒をつかみバナナを手の届くところまで引き寄せた。

別のチンパンジーは手を出しても届かないことがわかると，哀願する目つきで実験者を見つめ，手を差し延ばし，すすり泣くような声を出した。このような哀訴嘆願を約７分したとき，急に棒の方を見て黙り込み，棒を取り上げ檻の外へ差し出し，ややぎこちないが，バナナを引き寄せることに成功した。

これら２つの事例は，ともに棒をはじめて使ったときの状況である。時間は違うが，２匹のチンパンジーとも，ある瞬間に閃いた。棒を使って取れることの「見通し」「洞察」（insight）が湧いたのである（Köhler, 1917）。

知能の働きにはこのような側面がある。このケーラーの説を「洞察説」ということがある。

4. 認知の発達段階

［1］感覚－運動期

この節では，言語的知能や論理数学的知能を中心とするピアジェ（Piaget, J.）の研究を紹介していく。ピアジェは認知発達を大きく４つの時期に区分した。感覚－運動期（0～2 歳），前操作期（2～7 歳），具体的操作期（7～11 歳），形式的操作期（11，2 歳以降）である（Piaget, 1953）。

感覚－運動期，子どもは思考活動なしに運動行為を行っている。しかし，そのような行為もある知的側面を示す。子どもは，はじめ物が永続して存在し続けることを理解していない。それが，満１歳末ごろ，「物の永続性」を理解するようになる。

たとえば，対象物がスクリーンの後や下に隠されると，子どもは対象物を見出そうとする試みを放棄する。時計がハンカチで覆われると，子どもはハンカチを持ち上げることはせず，自分の手を引っ込める。あるいは，それが特に欲しいもの（哺乳びん）だったりすると，あてが外れて泣きわめき出す。最初はこのように，その物が雲散霧消してしまったかのように反応する。

また，対象物を見つけ出そうとする場合でも，最初自分の右側に時計が見えたら，目の前で時計を左側に移動させてからハンカチで覆っても，子どもは右側に見つけ出そうとする。その場所に時計があると理解しているかのような行動である。

それが，１歳半を過ぎたころになると，動かされた方をきちんと見つけ出す。

子どもはさまざまな視点から対象物を見て，それが永続的に存在することを知ったのである。

[2] 前操作期

前操作期の特徴は，言語が現れることである。言語は**象徴機能**の代表である。象徴（シンボル）とは，ある物を別の何かで表すことだが，象徴機能が現れたということは，「表象」（representation）が形成されるようになったということである。

表象というのは，簡単にいってしまえば，何かを「思い浮かべること」であり，頭の中にイメージが浮かぶことである。イメージに貼り付けた印（記号）が言葉である。

ピアジェは「操作」（operation）という概念によって時期区分をする。そして，**操作**を「行為が表象として内化されたもの」と定義する（Piaget, 1953）。

この定義を理解するには，子安（1996）の次の説明がよい。子どもがリンゴ3個とミカン5個の合計を数えるとき，最初は対象となる物に指を当てたりしながら数える。しかし，後には指を折って数えるようになり，さらに後には目で物を追いながら頭の中で数えられるようになる。最初「指を当てた」行為が最後には「頭の中」だけの足し算になる。これが「行為の内化」である。

では，前操作期にどのような認知行為が可能となるのか。残念ながら，象徴機能以外，積極的なものはないといってよい。「子どもが操作を構成するには数年間の準備が必要だ」とピアジェはいう（Piaget, 1953）。

描画は象徴機能の一つだが，図2-2は，描画を通して，水平概念と垂直概念の形成を見たものである。前操作期の子どもは水平概念や垂直概念も正しく捉えられない。図に示してはいないが，遠近法の描画についても同様である。それらを正しく描けるのは具体的操作期になってからである（Piaget & Inhelder, 1956）。

[3] 具体的操作期

具体的操作期になって操作が出現する。ピアジェは論理的操作を中心に考えているといってよい。その特徴は，頭の中で考えること，ちょっと時間を置く

図 2-2 水平概念と垂直概念を調べた描画 (Piaget & Inhelder, 1956)

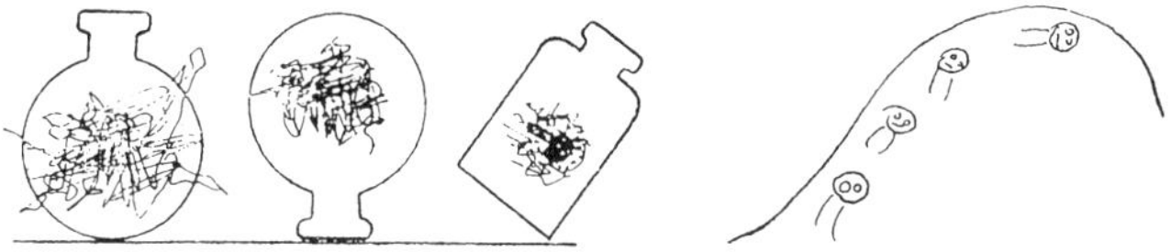

段階ⅠA

段階ⅡA

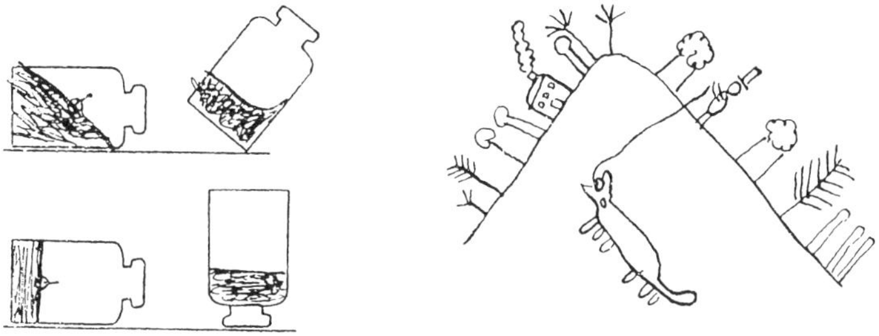

段階ⅡB

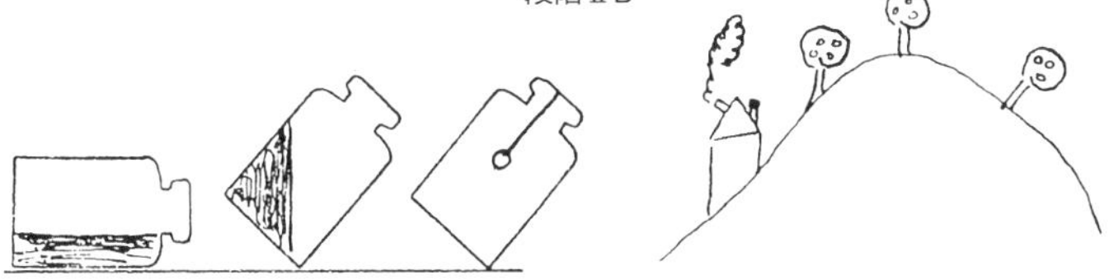

段階ⅡB－ⅢA

左は丸底ビンと平底ビンを傾けたときの水平面を描く課題。右は山を描きそこに生えた木や建てた家を描く課題。

段階ⅠA（4～5 歳児）は，水平概念と垂直概念を表象できない。

段階ⅡA およびⅡB（5～7 歳児）は，水平をビンの底に対して描き，垂直を山の稜線に対して描く。

段階Ⅲ（7 歳以降）は，水平概念と垂直概念を正しく表現できるようになる。

ことである。前に述べた「洞察」は「はっと気づくこと」，瞬間的な判断である。それに対して，論理的操作には少し止まって考える時間が必要である。

棒を長さの順に並べる系列化の課題（図 2-3）で，前操作期の子ども（b）がうまくできないのは，ぱっと並べてしまうからである。長さの順に並べるには，片方の端をそろえて比較しないといけない。「そろえる」には少し時間がかかる。具体的に「そろえる」という活動が，具体的操作といわれる理由である。

系列化の他に，ピアジェが重視するものとして，分類と量の保存がある。「分類」の操作というのは，たとえば，スズメは鳥の仲間で，鳥は生き物の仲間だということから，スズメは生き物の仲間だと理解できることである。これが論理操作だということは，記号で表してみるとわかる。スズメを A，鳥を B，生き物を C とし，仲間に属することを⊂で表す。すると，A⊂B かつ B⊂C から A⊂C が導けることが分類操作である。具体的操作としての分類は，このような抽象的記号を使わずに，言葉だけで行っている。

上の例は**加法的分類**だが，分類には乗法的分類もある。たとえば，エンドウ豆を形（丸形としわ形）と色（黄色と緑色）で分けることである。

量の保存については，たとえば，次のように調べる。同じ粘土の玉を2つ子どもに見せ，片方をソーセージのような細長い形に変形する。そして，この2つの大小を子どもに質問する。前操作期の子どもの場合，「細く長くなった」から「小さくなった」あるいは「大きくなった」と答える。具体的操作期の子どもは同じ理由で，2つの粘土の量は「変わっていない」と答える。

この問題では3種類の量の保存が調べられる。①粘土の量（物質量），②粘土の重さ，③粘土の体積である。これらの量の保存が成立するのは年齢により

図 2-3　長さの系列化（子安，1996）

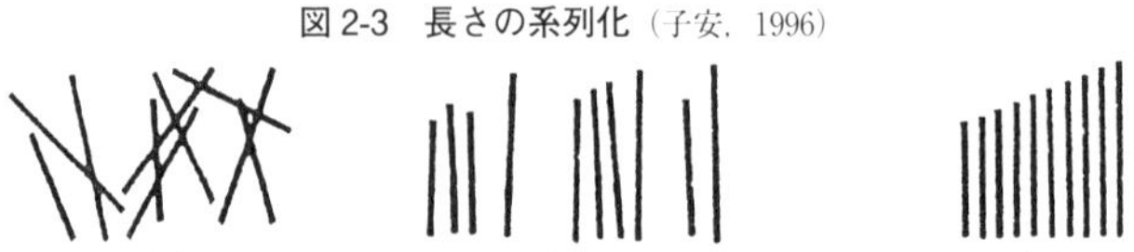

(a)　　　　(b)　　　　(c)

(a)　長さの異なる棒をバラバラにして渡す。
(b)　前操作期の子どもは「長い棒」と「短い棒」のように分けてしまう。
(c)　具体的操作期になると正しく並べることができるようになる。

異なる。物質量では 7，8 歳以降，重さは 9，10 歳以降，体積は 11，12 歳以降に**保存の概念**が成立する（Piaget, 1953）。

[4] 形式的操作期

形式的操作期の特色は，仮説によって推理する能力の出現だとピアジェはいう。ここでピアジェは，「論理的におかしい」とか「矛盾だ」とかいう命題論理ができるようになることをイメージしていると見てよいだろう。

振り子の課題（図 2-4）は，振り子の周期を決定する関連要因を発見することである。具体的操作期の子どもは，でたらめなやり方で要因を変化させてしまう。しかし，形式的操作期になると，少しやってみた後で，すべての可能な仮説をつくり上げる。その結果として，一つの要因だけ変化させて残りの要因は一定に保つ方法を使う（Piaget, 1953）。

形式的操作期に形成される操作としては，組合せの操作（図 2-5）や比例概念の獲得などもある。

図 2-6 は，人間の思考にとって具体的なものの方が理解しやすいことを示す実験である。(a) と (b) は数学的な形式はまったく同じ問題だが，(b) の方が易しい。実験結果もそれを示している（子安，1987）。

ピアジェは 15 歳で形式的操作が完成し，そこで成人の論理につながると考えている。だが，これらの 4 つの時期は継起的段階を示すものであるとともに，思考の類型でもあるだろう。成人がつねに形式的な命題的推理だけをするわけではない。

5. 心の理論

対人的知能とは，他者を理解する能力である。それに関わって，動物心理学者プレマック（Premack, D.）は「心の理論」（theory of mind）の概念を提起した。他人の意図や，他人が知っていることを推測できたとき，「心の理論」があるとした。

「サリーとアンの課題」（図 2-7）は，それを調べる一つの方法である。絵（4 コマのマンガ）を見せながら，次のような説明を加える。

図 2-4　振り子の課題（Inhelder & Piaget, 1958）

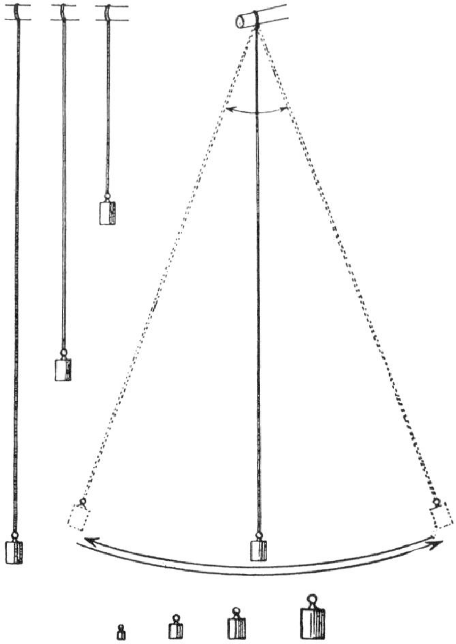

ひもの長さ，おもりの重さ，おもりを離す位置，おもりを離すときに加える力の４つの要因のうち，どの要因が振り子の周期の長さを決定するかを実験的に発見する課題。

図 2-5　組合せ的思考を調べる実験（Inhelder & Piaget, 1958）

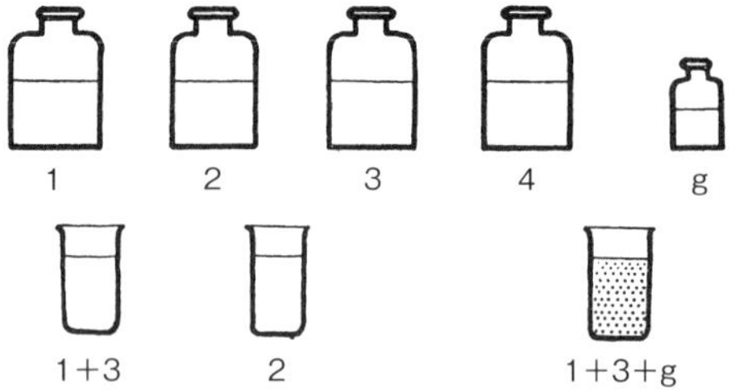

無色無臭の液体が入った４つのビンがあり，１は希硫酸，２は水，３は過酸化水素水，４はチオ硫酸塩溶液が入っている。その他にヨウ化カリウム溶液の入った小ビンｇがある。子どもたちに中身を知らせず，1+3の混合液と，２の液体を見せ，それぞれにｇの液体を加える。すると，1+3の混合液の方だけ黄色になる。そのあとで，子どもたちは，これら５つのビンを自由に何種類でも混ぜて，どのような場合に黄色くなるか調べる。

図 2-6　4 枚カード問題（子安，1987）

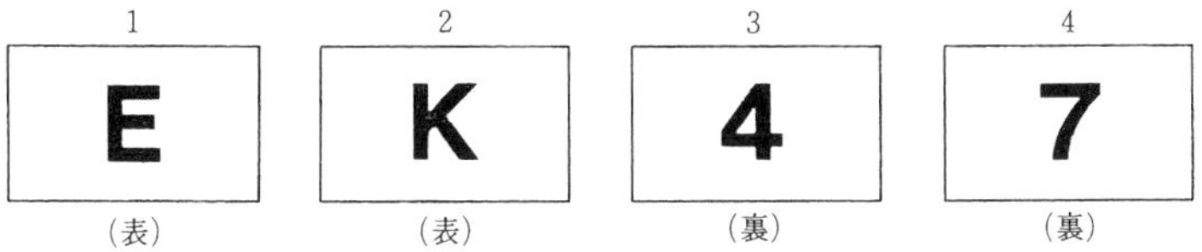

上の 4 枚のカードは、すべて表面《おもて》にアルファベット文字がついており、その裏面には数字がついています。つまり、どのカードも、アルファベット文字と数字がそれぞれ片面ずつについている、いわゆる両面刷りのカードになっていると考えて下さい。

規則：もしカードの片面の文字がKであれば、その裏面の数字は 7 である。

上述の規則の真偽を確かめるために、ひっくり返して反対側の面を調べる必要のあるカードはどれでしょうか。そのカード（1 枚とは限らない）の上の番号を○でかこんでください。

(a)

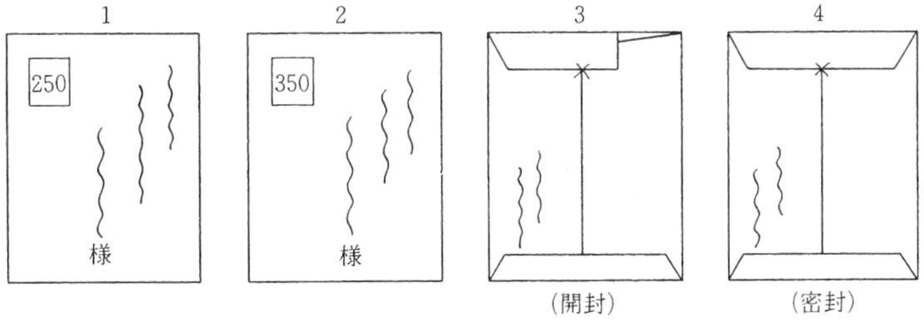

上の 4 枚の絵は、本が入った封筒の表面《おもて》または裏面を示しています。表面の切手の額と裏面の封の状態（開封、密封）のところだけに注目してください。皆さんは、郵便局員になったつもりで次の問題を考えてみてください。

規則：封筒が密封であれば、表に350円の切手を貼る。

上の 4 枚の封筒について、この規則が守られているかどうかを調べるために、ひっくり返して反対側の面を調べる必要のある封筒はどれでしょうか。その封筒（1 枚とは限らない）の上の番号を○でかこんでください。

(b)

(a) と (b) の２つの問題は，数学的な形式はまったく同じかたちである。(b) は具体的な日常場面からの出題であるが，(a) は抽象的な出題である。

図 2-7　サリーとアンの課題（榊原，2002 を参考に作成）

1コマ：部屋でサリーとアンという女の子が遊んでいる。サリーはぬいぐるみで遊んでいる。ぬいぐるみ遊びが終わったサリーは，ぬいぐるみをカゴの中にしまって庭に遊びに出かけた。

2コマ：サリーが庭に行ったあと，アンはぬいぐるみをカゴから出して遊んだ。

3コマ：アンはぬいぐるみをタンスの引き出しにしまった。

4コマ：サリーが庭から戻ってきて，またぬいぐるみで遊ぼうと思った。

このあと，次のような質問に答えてもらう。

「サリーは，ぬいぐるみで遊びたいと思いました。さてどこを探すでしょう？」

この課題は5歳前後でできるようになる。それ以降の年齢を対象として，この課題を自閉症などの検査として使う（子安，1997；榊原，2002）。

6. メタ認知

内省的知能の一つに「メタ認知」がある（5章2節参照）。たとえば，難しい本を読んでいるときに，「あれ？　ここは難しくて，よく理解してないなあ……。少し前に戻って読み返してみよう」とする。このように，自分自身をモニタリングして，自分自身の現状を把握したうえで，自分自身をコントロールしようとする。この働きが，メタ認知である。

このようなことは，人間がふつうに学習活動のなかで行っていることである。ただし，誰でもいつもメタ認知を意識的に行っているわけではない。そういう場合，メタ認知モニタリングを活性化する方法もある。たとえば，自分がそのとき考えていることをすべて言葉に出してみる。すると，メタ認知のモニタリング効果が上がるといわれている。

メタ認知は，このようにして，学習論につながっている（5章参照）。認知活動を認知することは，自分の認知活動の効果を上げていくからである。なお「メタ」認知といわれるのは，認知の認知だからである（三宮，2018，2022）。

7. 例題について考えてみよう

「茶色の玉の方が木の玉より多い」と答えるのは，前操作期の子どもである。「箱の中には茶色の玉の方が多く入っているか，それとも木の玉の方が多く入っているか」という質問は，ややいじわるである。この課題では，木の玉が全体集合で，そのなかに部分集合として茶色の玉と白い玉がある。質問は，部分集合の茶色の玉と全体集合の木の玉を比較している。全体集合と部分集合は，論理的なクラス（階級）を異にする。私たちがふつう比較するのは，同じ論理的クラスのもの同士である。ここをあえて，論理的クラスを別にするものを比較した点が，この質問の難しさである。

前操作期の子どもは，論理的クラスを異にする部分集合と全体集合を同時に考えることはできない，というのがピアジェの説明である。それに対して，具体的操作期になると，全体集合と部分集合を同時に考えられるようになる。

逆にいえば，論理的クラスを異にする全体集合と部分集合を同時に考えることができるかできないかが，前操作期と具体的操作期をわけるポイントになる。具体的操作期になると「操作」ができるようになるわけだが，その操作というものの性質がこのように論理的なものであることを，このことは示している。

先に4節［3］で見たように，具体的操作期では加法的分類ができた。加法的分類では，異なる論理的クラスの集合を同時に考える。このことを説明してみよう。論理記号で表現すると，加法的分類操作とは，A⊂BとB⊂Cの2つの事実からA⊂Cを導けることであった。これを言葉で表現すれば，次のようになる。AはBの部分集合であり，BはCの部分集合となっている。この2つの事実からAがCの部分集合となることを導くのが，加法的分類である。このように，加法的分類では，A，B，Cという論理的クラスを異にする集合が同時に考えられている。

ピアジェによる説明は，だいたいこのような感じである。説明が論理学的で難しい。ここでは，子どもの認知発達には，前操作期の子どものように，大人から見ると「間違い」としか思えない考え方をする時期がある，ということをとりあえず理解しておいてほしい。

発展図書案内

Nolen-Hoeksema, S., Fredlickson, L. B., Loftus, R. G., & Christe Loftus, G. R. (2014). *Atkinson & Hilgard's introduction to psychology*. 16th ed. Cengage Learning EMEA.（内田一成（監訳）(2015). ヒルガードの心理学　第16版　金剛出版）

→心理学についての全般的な入門書である。辞書ほどの大きさのある大著である。このなかにピアジェの認知発達も述べられている。

Piaget, J., & Inhelder, B. (1966). *La psychologie de l'enfant*. Puf.（波多野完治・須賀哲夫・周郷　博（訳）(1969). 新しい児童心理学　白水社）

→わが国で最も普及しているピアジェの著書である。発達段階区分は4段階より細かい。思考だけでなく感情の発達も含めて述べてある。

Piaget, J. (1970). Piaget's theory. In P. H. Mussen (Ed.), *Carmichael's manual of child psychology*. 3rd ed. Vol. 1. John Wiley & Sons. pp. 703-732.（中垣　啓（訳）(2007). ピアジェに学ぶ認知発達の科学　北大路書房）

→中垣による翻訳は，偶数ページに訳文，奇数ページに注釈を載せた，ピアジェの思想についての注釈書である。

引用文献

Gardner, H. (1999). *Intelligence reframed : Multiple intelligences for the 21st Century.* Basic Books.（松村暢隆（訳）(2001). MI：個性を生かす多重知能の理論　新曜社）

Goleman, D. P. (1995). *Emotional intelligence : Why it can matter more than IQ.* Bantam Books.（土屋京子（訳）(1996). EQ：こころの知能指数　講談社）

Inhelder, B., & Piaget, J. (1958). *The growth of logical thinking from childhood to adolescence.* Routledge.

Köhler, W. (1917). *Intelligenzprüfungen an Menschenaffen.* Springer.（宮　孝一（訳）(1962). 類人猿の知恵試験　岩波書店）

子安増生（1987）. 青年期の知的発達　鈴木康平・松田　惺（編）現代青年心理学　有斐閣　pp. 43-55.

子安増生（1996）. 認知の発達　大村彰道（編）教育心理学Ｉ—発達と学習指導の心理学　東京大学出版会　pp. 1-18.

子安増生（1997）. 子どもが心を理解するとき　金子書房

久保田　競（2001）. 脳はどこから，どこへ　小泉英明（編）育つ・学ぶ・癒す—脳図鑑21　工作舎　pp. 29-41.

Piaget, J. (1953). *Logic and psychology.* Manchester University Press.（芳賀　純（訳）(1966). 論理学と心理学　評論社）

Piaget, J., & Inhelder, B. (1956). *The child's conception of space.* Routledge.

榊原洋一（2002）. アスペルガー症候群と学習障害　講談社

三宮真智子（2018）. メタ認知で〈学ぶ力〉を高める　北大路書房

三宮真智子（2022）. メタ認知　中央公論新社

コラム 2　道徳性の発達

ピアジェは認知発達だけを研究したわけではない。初期には「子どもの道徳判断の発達」について研究し，道徳意識は他律から自律へ向かうと結論した。しかし，1930年代，波多野完治は，「権威主義の日本において，ピアジェの紹介はうっかりできない」と思ったという。自律の道徳は民主主義を前提にする。しかし，当時の日本は，教育勅語体制という，天皇への忠君愛国を中心とする国民道徳（修身）教育の時代だった。自律はそれと対立する。これは，道徳性の発達が社会の文化によって制約されることを示している。

道徳性の発達の制約については，別の論点もある。ピアジェの研究を発展させたものとしてコールバーグ（Kohlberg, L.）の研究がある。コールバーグは道徳判断に6つの発達段階を想定した。段階は道徳判断の判断基準によって区別され，①罰，②報酬，③良い子，④権威，⑤社会的契約，⑥倫理的原理の順になるという。

①罰を避けるため規則に従う。②相手から良くしてもらおう（報酬）と判断する。③他者から非難されないような判断をする。④権威から非難されないよう，また義務不履行の罪意識をもたないよう，社会規律を支持する。⑤仲間から尊敬され自尊心も維持されるよう，公共の福祉に適合する原理原則を支持する。⑥自ら選択した倫理的原理，多くの場合正義・平等の原理に従う。自己否定を避けるためでもある。

しかし，最後の段階の特徴を示すのは，成人の10%以下だとコールバーグ自身認めている。したがって，正義や平等の倫理的原理を第6番目の発達段階に位置づけるのは難しい。これら6つは，成人に達した人間が実際に行う道徳的判断の基準の類型と考えるべきだろう。発生順序はコールバーグの指摘の通りだが，判断基準の広がりが個人の価値観によって異なるということである。

3章
人間関係の発達

例　題

子どもたちが生きる社会は，成長に伴い大人との関係から仲間中心の関係へと大きく広がっていく。しかしその仲間関係によって，子どもたちが苦しみを抱えてしまうことがある。中学１年生Ｂの場合は次のようなものであった。

Ｂたち女子生徒４人は同じクラス，同じ部活で，いつも一緒に行動していた。あるとき，休日に皆で外出する約束をしたが，Ｃは約束を渋り，結局皆と同じ行動をとらなかった。そのときから「Ｃは生意気だ」とＢが主導してグループのなかでの無視が始まった。ターゲットになったＣ本人には何が何だかわからないうちに，あっという間に無視がクラスに広がった。一見なかよしグループのなかのことで，教師には何が起きているかが見えにくかった。

ところが，しばらくして今度はＢが「いつも自分勝手に振る舞う」と仲間の無視のターゲットになってしまう。それまで強気であったＢは，一気に気持ちが崩れ，学校に行くことに不安を抱き，教室に入れなくなってしまった。ことの重大性に家族も教師も驚いた。教師が加わってＢとグループの子どもたちとの話しあいをするが，「私たちも被害者」とお互いの気持ちのわだかまりを解きほぐすことは難しかった。

問　い

・いったいなぜ，親しいグループ内でこのようないじめが広がるのだろうか。

キーワード：ギャング，チャム，ピア，ソーシャルスキル，いじめ防止対策推進法

1. 子どもたちは仲間関係のなかで何を身に付けていくのか

子どものころ陣取り遊びをしたことがあるだろうか。この遊びの一つ，Sケンという遊びでの出来事である。Sケンでは子ども同士が激しくぶつかる場面も生じる。ある小学4年生の男児は言葉や態度が荒々しく，周囲の子どもから少々敬遠され気味であった。あるとき，彼はこの遊びのなかで年下の子どもと正面衝突してしまう。双方かなり痛かったであろうが，男児はとっさに「ごめんな」と声をかけた。日ごろ偶然にでもぶつかるようなことがあると怒り出す男児が，遊びのなかではまずはぶつかった相手を思いやっている。遊び世界のルールがあることで，男児は自分を抑える自己コントロール力を発揮できたのである。謝られた年下の子どもにとっては，その男児の良さがわかった一瞬であったろう。

また，集団のなかでは子どもたちが他の子どもの良さに気づいていることに，教師が驚かされることがある。教師が気づかないような子どもの小さな頑張りや成長を，仲間の子どもたちがしっかりと認めるのである。飼育小屋のうさぎを可愛がる友だちの姿を報告して，「○ちゃんは本当はやさしいんだよ」といった目立たない友だちを認める発言が出てくる。子どもたちは仲間関係を通して，他者を理解し，他者との関係を作るソーシャルスキル（対人関係を構築したり調整したりする能力）を獲得していくのである。

その一方で，子どもたちがばらばらになり，てんでに好き勝手に行動するようになると，一気に集団が崩れ始める。そして前思春期から思春期にかけて，仲間関係が逆に一人一人の子どもにストレスを与え，子どもたちが生きづらさを抱えることがある。

以下では，なぜ仲間関係が発達促進的にもストレスにもなるのか，子どもの発達に沿って考えてみよう。

2. 遊びとケンカを通して育つ幼児期の社会性

子どもたちは，遊びとケンカを通して人間関係を学んでいく。図3-1に示すように，幼児期の遊びは並行遊びから連合遊び，協同遊びへと発達する

図 3-1　遊びの社会的参加の年齢変化（Parten, 1932）

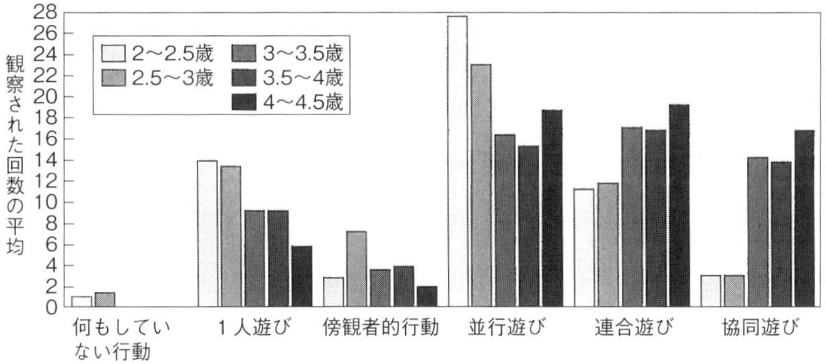

（Parten, 1932）。一緒に遊んでいるように見えても子ども同士の相互交渉のほとんどない並行遊びから，相互に会話をしたり（連合遊び），やがては一つの遊びを共有しながら遊ぶようになっていく（協同遊び）。協同遊びでは，遊びを維持するために子ども同士がお互いの役割決めをしたり，ストーリーを共有するための相互調整を行うようになる。遊びのなかに異年齢の子どもが交じることがあり，年少児は年長児の姿にあこがれ，年長児は小さな子どもの世話をすることで「お兄さんお姉さんである自分」に誇りを感じることができる。

子どもは日常的に要求のぶつかりを経験し，ケンカを通して感情の絡まった状況での対人交渉の仕方を学ぶ。幼児期は物の取りあいから遊びの「イメージのずれ」や「ルール違反」が原因のトラブルまでが生じる。そのなかで，相手と状況に応じて自分を主張したり，遊びを維持するために自分を抑えてがまんしたりといったソーシャルスキルを身に付けていく。楽しい遊びのなかでは，「相手の手がぶつかった」「負けてしまった」ということを「痛かった（悔しかった）けれど面白かった」と受け入れられるようになるのである。このように子ども同士の関係においては，大人と子どもの関係では生じにくい多様な感情や相互交渉を経験することになる。

3. 児童期・思春期の社会性の発達

[1] 親志向から仲間志向へ

児童期から思春期にかけ，子どもは親への依存から離れ始め，仲間を求める傾向が強まる。

子どもは学校生活を通して社会化を促される。幼児期の遊びを中心とした生活から，小学校では学習と遊びの２つを柱とした生活へと変わる。子どもは集団全体に向けられた教師の言葉を自分個人に対しても向けられていることを理解し，学級集団の一員として学級ルールに則った行動を身に付けていかねばならない。

小学校低学年では，物理的にも心理的にも親への依存は大きい。中学年では，大人の規範を内面に取り込んで，学級という集団を維持する秩序感覚も育ってくる。このころから子どもは徐々に親とともに過ごす時間よりも仲間と過ごす時間を大事にし，意思決定をするときに仲間の考えや行動が大きな意味をもつようになる。仲間と意見が対立したとき，学年が上がるにつれ自分と相手との両者の要求を統合した，よりバランスのとれた協調的な調整を行うことができるようになっていく（Selman et al., 1984；渡部，1993）。

高学年の前思春期から中学校時代の思春期にかけては，仲間を志向する傾向はさらに増大していく（図 3-2）。仲間との親しい交流が，思春期における心身の変化に伴う不安を和らげ，子どもは大人の規準ではなく仲間の規準を重視するようになるのである。

蘭（1992）は子どもにとっての仲間関係の働きを次のようにまとめている。

図 3-2　年齢別親志向と仲間志向の比較

（Floyd & South, 1972；岩脇，2002）

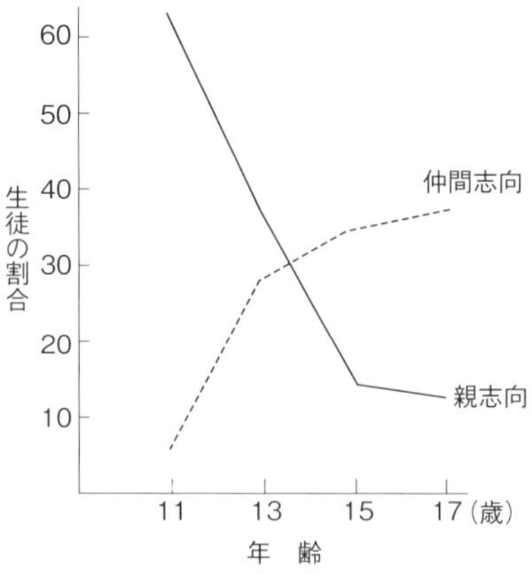

①社会化の促進：仲間の間で同一視，モデリングを通して社会的態度や価値観を形成する。

②ソーシャルスキルを学ぶ：仲間と付きあうためには，協調すること，相手の立場に立って考えることが必要で，そのための行為をソーシャルスキルと呼ぶ。

③精神的健康さ：仲間の間で受け入れられ，肯定的相互作用を経験することで，自尊感情を高めることができる。

④同性の仲間集団のなかで，性役割アイデンティティを形成する。

[2] 仲間関係の発達―ギャング・チャム・ピア

児童期・思春期に親密な仲間関係を発達させることは，子どもが自我を形成するうえで不可欠であり，またその後の親密な関係（恋愛，結婚など）の形成の基盤となるといわれる。

子どもが仲間を選択する理由は図 3-3 のようになる。小学校時代には，「家が近い」「席が近い」といった近接性の要因は徐々に低下し，「同い年だから」という同年齢要因が高くなる。高学年から思春期にかけては，同年齢ということより，興味や関心が似ているという類似性要因によって仲間を選ぶ傾向が強まる。

仲間関係の発達について，保坂（1998）は次のように提起している。小学校高学年ごろは大人からの自立の始まりの時期であり，大人に依存したい気持ちと反抗したい気持ちとがない交ぜになりながら，子ども集団が自律性を強めて

図 3-3　友人選択に関わる 3 要因の重要性の発達的変化

（Epstein, 1989；井上・久保，1997）

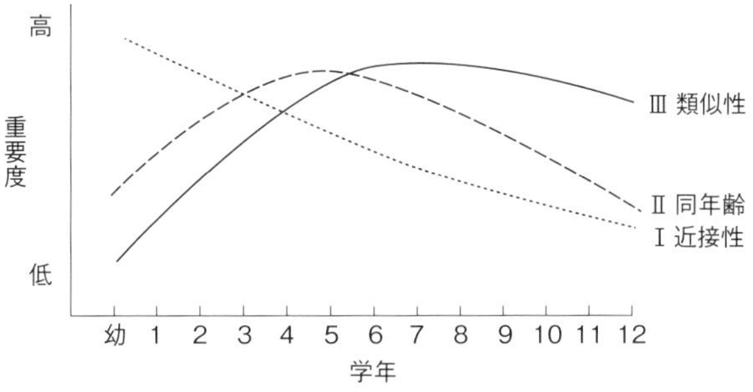

いく。一般的には同性の子ども同士が同じ遊びを共有し，比較的多人数で徒党を組み結束力を高める。遊びを共有できない子どもは仲間になれない。子どもは集団内の規準を大事にし，大人の規準を離れてある意味で子どもの自治的な小社会を経験することになる。これは**ギャング・グループ**と呼ばれ，より男児に形成されやすい。

中学生は思春期前半にあたり，興味や関心が似ていることから仲間関係が結ばれる。お互いの共通の関心を言葉で確かめあうことが基本にある。内容より相互が同じであること，つながっていることの確認に意味があるとされ，そうしたおしゃべりに上手にのれない子どもは関係から弾き出されていく。典型的には女子生徒が少人数で形成しやすく，**チャム・グループ**と呼ばれる。

高校生になり思春期も後半になると，一般的に仲間関係の質が変化してくる。お互いの価値観や理想などを語りあい，類似性だけでなく，互いの異質性に気づき，尊重しあう関係となっていく。「似ている」と感じてきた友だちのなかに，自分にはない強さ，資質を発見し，あるいはまったく自分とは異なるタイプだと感じる人物に，その異質性ゆえに惹かれる。他者との違いを認識することで，自分の内面に向きあい，自我を形成していくことになる。これは**ピア・グループ**と呼ばれている。

4. 現代の子どもたちの仲間関係における困難点

[1] ギャング・グループの消失

エリクソン（Erikson, E. H., 4章3節参照）は小学生のころの発達課題を「勤勉性」とし，子どもが達成感を得て自信をもつことの重要性を指摘している。児童期は，ギャング・グループを通して仲間と一緒に遊びこみ，夢中になるなかで達成感を味わい自分に自信を得る時期なのである。

ところが現実には，子どもたちが徒党を組み群れて遊ぶ姿は少なくなり，ギャング・グループを体験しない子どもが増えている。習い事や塾で忙しい生活を送り，公園でさえ禁止事項が多い貧しい遊び環境に囲まれている。このため，子どもたちの遊びは少人数での室内遊びが多くなりがちである。ギャング・グループというい ろいろな子どもがいて当たり前の大きな仲間集団を通して，子どもの自我がもまれて育てられ，ソーシャルスキルを獲得する機会がほぼ消失したといえる。

さらには，発達加速現象のなかで第二次性徴を早期に迎え，児童期そのものが短くなっている。これまでは児童期に仲間関係を通して親からの自立に向けての準備を行い，本格的な自立の時期である思春期を迎えた。現代は児童期の短縮により，子どもはいわば準備不十分なまま思春期に入ることになる。

また，2020 年からの新型コロナウイルス感染症の世界的大流行は社会すべての大混乱を招き，子ども同士の接触や体験を制限することとなった。学習面・生活面でのネットツールの必要性が増す一方で，直接的な人間関係の体験不足，不登校の増加など，子どもの発達への影響が懸念されている。

[2] 同調性の高まり

ギャング・グループの消失により，同質性の高いチャム・グループが早くから形成され，小学生の時期からお互いの類似性を気にし，表面的なレベルで同調する傾向が強まっている。都筑（2008）は子どもたちに将来の希望を問うたところ，小学校 4 年をピークに下がることを示している（図 3-4）。小学校高学年で自尊心が低下することもわかっており，この時期の子どもはさまざまな否定的側面を見る傾向が強まり，現実とのギャップを感じる。それだけに自分をわかってくれる友だちがほしいという気持ちは強まる。それが同調傾向につながり，小学校高学年から中学生にかけて同調傾向は高まる。仲間関係を重視す

図 3-4　将来の希望（都筑，2008）

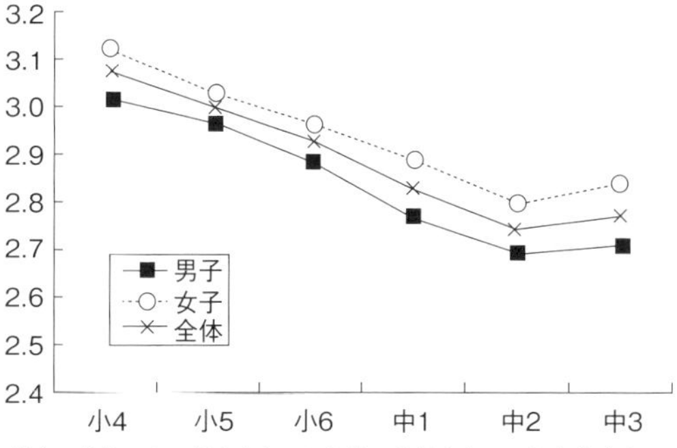

（注）4 件法による得点が高いほど強い希望をもつことを意味する。

るがゆえに，子ども自身どこまで合わせればよいのかわからないままに友だちに引きずられ振り回されることがある。

上野ら（1994）の高校生を対象とする研究によれば，友だちとの同調性と心理的な距離は独立したものであり，同調しあう者が心理的に近しいとはならない。むしろ同調性の高い者は友だちの評価を気にし，関心が家族，友だちといった狭い範囲に留まりがちである。特に男子の場合，群れ志向で同調的行動をとる者は精神的疲労感を抱える傾向が見られた。高校生ごろには自我の育ちとともに同調性に振り回されなくなるといわれるが，そう簡単には脱せられないこともある。ピア・グループのように，お互いの意見の相違を誠実に伝えあい，時には異質性をぶつけあうためには，それぞれの自我が育っていなければならないが，そうした自我の育ちは遅れがちである。このため，チャムを脱してピアとしての仲間関係に移行することが遅くなってきている。

5. 感情コントロールの発達とその支援

[1] ソーシャルスキルの育ちそびれ

仲間関係の発達の難しさは，**ソーシャルスキル**の未熟さに一因がある。幼児期から児童期に，他者との間で適切なかたちで自己表現をする力が育っていない子どもが多い。特に近年小学生の暴力行為の増加が著しいことが問題となっている（文部科学省，2021）。仲間とのいざこざのなかで加減がわからず，本人も予想外のけがを相手にさせ，些細なことで突如怒り出すなどの感情コントロールのなさを呈する。思春期には，自分の気持ちを言葉にして他人に伝えることができず，感情を内省できないために，不適応状態にありながら，悩みと向きあえない子どもが多いといわれる。

他者との関わりとは，面白いことばかりではなく，時には意に沿わない，思い通りにならないことがあるものである。遊びにせよ当番活動のような仕事にせよ，はじめは少し嫌だったけれど，やっていくなかで楽しさがわかる，他の人の役に立ったことがうれしいといった経験が，子どものソーシャルスキルを育てる。そのなかで，他者とどううまく付きあっていくかというスキルや協調性を身につけ，気持ちの収め方を学んでいくのである。

しかし，子どもははじめから自分の感情を語る言葉をもっているわけではないし，子ども一人では自分の気持ちに気づけないときがある。他者とのぶつかりで子どもが混乱しているときには，感情の昂ぶりが静まってから，大人が子どもの気持ちを丁寧に聴き取ることが必要になる。子どもが言語化できないときには，大人がいっしょに考え推測し，代弁する。そうした経験のなかから，子どもは自分の感情を言語化できるようになっていくのである。

[2] ソーシャルスキルを育てる

現代の学校では，集団活動を通して子どもたちの社会性を育てることが課題となっている。異年齢の交流や行事での集団活動が，子どもの社会性育成に重要なことはいうまでもない。しかし地域や家庭の変化により，子どもが社会性を自然に身につける機会は減っていて，より意図的な取り組みが求められている。たとえば，**ソーシャルスキルトレーニング**（SST）はロールプレイングを使って基礎的な対人関係能力を意図的・段階的に育てるプログラムである。**アサーショントレーニング**は感情について学ぶプログラムである（園田他，2004）。相手を傷つけることなく，自分の気持ちを適切に表現することを学ぶものである。養育環境上の課題を抱えた子どもは増えており，問題も多様化している。個別的な支援を要する子どもが増えるなかで，学校だけが問題を抱え込むのではなく，専門機関連携など支援のネットワークを広げていくことが必要である。

子どもの社会性の問題を考えるとき，大人や周囲の子どもたちのあり方も問うていかねばならない。教育には，多少の子どもの突出した言動や人間関係の不器用さを柔軟に受け止めるおおらかさが必要である。余裕のない状況では，大人は集団をはみ出す子どもの強い個性を受け入れがたく感じてしまう。

クラスメートに限られた閉鎖的な人間関係の問題も大きい。本来子どもは多様な関係性のなか，多面的なまなざしのなかでこそ，それぞれの良さが引き出される。クラスの人間関係で落ち込んでも，別の仲間関係のなかで気持ちを発散することができると立ち直りやすくなるものである。

近年は学校が地域に開かれ，近隣の住民や大学生がボランティアとして学校に参加するようになっている。学校のなかに，教師と子ども（縦関係），クラスメート同士（横関係）以外の「斜めの関係」がもち込まれ，子どもを取り巻く関係の多様性が増すことで子どもの支援が広がっていく。

6. 集団の問題としてのいじめ

[1] いじめを捉える視点

2011年の大津市いじめ自死事件を契機に，2013年に**いじめ防止対策推進法**が制定された（文部科学省，2013）。同法の規定により，学校はいじめの防止，対処のための基本的な方針の策定が義務付けられた。またいじめの防止等に関する措置を実効的に行うため，学校はいじめ防止のための組織（複数の教職員，心理，福祉等の専門家その他の関係者）を置くこととなっている。いじめの「重大事態」における学校の対応，調査についても規定され，組織的な対応が重視される。

これまでのいじめに関する研究により，どんな学校，学年でもいじめは起きうるものであり，被害者は入れ替わる傾向にあり，どの子も巻き込まれる可能性がある。いじめの問題を考えるためには個に関わる視点だけでなく，集団という社会の問題としての視点が不可欠である。

文部科学省のいじめの定義は2006年度調査から大きく変更され，2013年度いじめ防止対策推進法の成立に伴い次のようになっている。

旧定義：いじめとは①自分より弱い者に対して一方的に，②身体的・心理的な攻撃を継続的に加え，③相手が深刻な苦痛を感じているもの。なお，起こった場所は学校の内外を問わない。

現定義：「いじめ」を「児童生徒に対して，当該児童生徒が在籍する学校に在籍している等当該児童生徒と一定の人的関係にある他の児童生徒が行う心理的又は物理的な影響を与える行為（インターネットを通じて行われるものを含む。）であって，当該行為の対象となった児童生徒が心身の苦痛を感じているもの」と定義すること。

被害者の被害感をいじめ認定の基盤にし，継続的なものではなくたった1回であっても，ひどいいやがらせであればいじめと認める。被害者の立場に立って，より広くいじめの問題を捉えようとするものである。

[2] いじめの現状と人間関係の構造

図 3-5 はいじめの認知件数の推移であり，定義の変更により小学生の認知件数の増大が著しい（文部科学省，2021）。ただし重大事案は中学生に多い。いじめの態様別状況は，小・中学校及び特別支援学校においては，言葉によるも

図 3-5　いじめの認知（発生）率の推移（1,000 人当たりの認知数；文部科学省，2021）

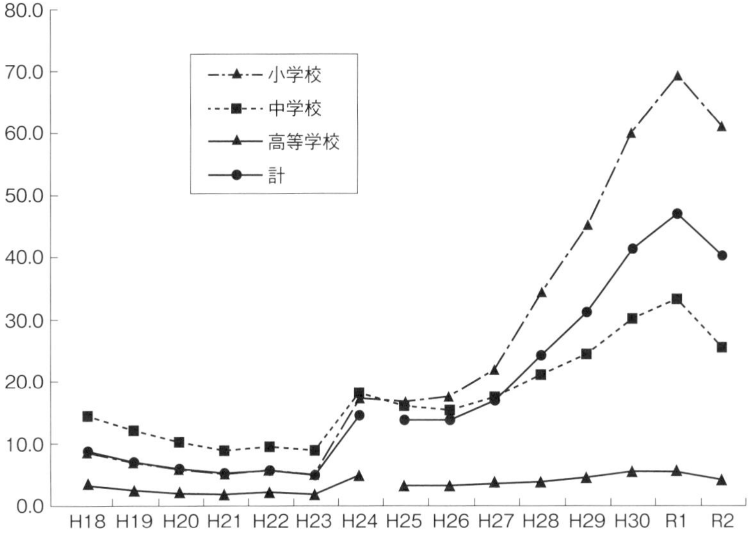

図 3-6　いじめの四層構造モデル（森田，2010）

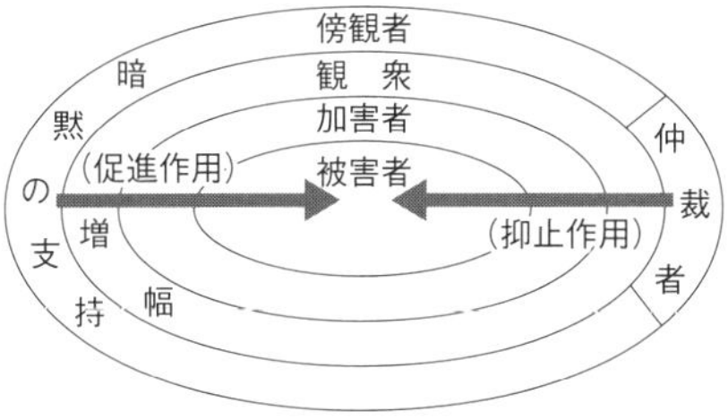

の（冷やかしやからかい，悪口や脅し文句，嫌なことを言われる）が6割程度と最も多く，続いて軽度の暴力（軽くぶつかられたり，遊ぶふりをして叩かれたり，蹴られたりする）が多い（小学校2割，中学校1割）。高等学校においては，言葉によるものが最も多く（6割），続いてネットによるいじめ（パソコンや携帯電話等で，ひぼう・中傷や嫌なことをされる）（2割）が多くなっている。

思春期のいじめには仲間関係の発達的特徴が関連している。この時期はチャム・グループが形成され，同調傾向が高まるなかで，たとえ疑問を感じても仲間の行動に同調しないではいられない，ネガティブな仲間間圧力が働きやすい。親密な関係のなかでは，いじめる側（加害者）が主張する正当化が，被害者に「原因は自分にある」と自責の念を抱かせることさえある。

いじめの人間関係は被害者・加害者のみならず周囲の人間関係を含めた**四層構造モデル**で捉えられる（図3-6）。仲裁者の存在はいじめの抑止力となり，傍観者の存在は促進作用をもつ。直接いじめに関わらないが見て見ぬふりをする傍観者の存在により，加害者は周囲がその行為を暗黙に承認していると捉え，被害者は見捨てられ感を強める。傍観者は，結果としていじめをエスカレートさせてしまうのである。仲裁者・傍観者の出現比率に関しては，中学校の学年が進むにつれ，イギリスでは仲裁者が漸増し，傍観者は中3で漸減するのに対し，日本は中3まで一貫して仲裁者が減り，傍観者が増える傾向にある（森田，2010）。日本ではいじめ抑止力を高めた集団としての成長が十分に見られず，いじめをおかしいと捉える集団の規範意識や学級の雰囲気を醸成することが課題となっている。

[3] ネットいじめ

コロナ禍により，学校における学習面でのICT活用が一気に進んだ。学習面の効率化だけでなく，不適応傾向にある子どもがネットを介すことで授業参加しやすくなるなど，プラスの教育効果も生じている。

一方，コロナ禍の物理的接触制限は直接的ないじめの認知件数を一時的に減らしたものの，ネットによるいじめの問題は変わらず増加傾向にあり，ネットいじめの拡大，低年齢化はますます大きな問題となっている。

スマホやパソコン等によるネットいじめの特徴には次のような点がある。

①匿名性・簡易性　匿名で簡単に加害者になり，短期間にひぼう・中傷等の被害が拡大，深刻化しやすい。情報の加工が簡単にでき，悪用・拡散されやすく，流出情報は回収困難である。

②身近な大人でも把握は容易ではなく，子どもの想像を超えた被害状況が生起しやすい。

③SNSを介したやりとりのなかで，自分がのけ者にならないよう細心の注意を払って交流するなど，子どもに非常に高いストレス状況が起きている。

長時間使用するほどトラブルが増加することはわかっており，子ども・家庭・学校が協力して，ネット使用にあたってのマナーやルール意識を育てることが必要である。すでにネットは子どもにとって生まれたときから馴染んだものとなり，必ずしもリアルが主でネットが従ではない，子どもにとっては両方とも主たるコミュニケーションツールとなってきている（竹内，2022）。子ども主体で考えあうことによる情報モラル教育の充実により，賢いネットの活用能力を育てていかねばならない。

[4] いじめに対する学校の基本的対応

①いじめの早期発見・早期対応と予防教育

いじめのサインを見逃さずに早期発見・早期対応を行うことは必須であるが，教師や大人には見えにくいのがいじめである。そもそも子どもも大人も受け止め方に個人差があるのは当然であり，だからこそ教師が一人でいじめかどうかを判断することは危険である。子どもの日常的な行動の変化を拾うアンテナをもち，小さな気がかりを教師相互に共有して対応しなければならない。

いじめを受けても誰にも相談できない子どもは少なくない。彼らは，相談してもいじめは解決しないし，むしろ悪化すると恐れ，無力感と他者への不信感に追い込まれやすい。傍観者の立場に立つ子どもはいじめへの関わりを恐れ，自分にはどうすることもできないという無力感をもっている。身近な大人の気づきが対応の第一歩となり，いじめアンケート，チェックリスト，生活ノートの活用，個人面談など，教育現場に応じた早期発見の工夫が必要となる。いじめの被害を訴えることは恥ずかしいことではなく勇気があることだという捉え方，いじめを報告したら必ず守ってもらえるという信頼感を学級，学校に醸成していかねばならない。

予防的観点からは，子どもたちが日常的に教師やスクールカウンセラーに気軽に相談しやすい学校雰囲気をつくっておくことが必要である。そのうえで，学校として実態把握と集団状況把握に努め，いじめの実態や学級雰囲気を客観的に捉えて指導に活かしていく（河村，2007 ほか）。いじめについてのディスカッションなど子どもたちがいじめについて考える機会やいじめ予防プログラムを活用するなどして，「いじめはおかしい」と捉える規範意識を子どもたちに育てることが大切である。

②いじめの事後対応

いじめに関する情報は，学校全体，全職員で共通理解を図り，担任教師だけが問題を抱え込むことなく，学校全体で対応を展開していかねばならない。保護者や関係機関とスムーズに連携できるように，学校は日ごろの校内体制を整えておく。必要な事案については，複数の教職員やスクールカウンセラー等がチームによる支援を行う。チームによる支援においてはケース会議を開催して状況把握と共通理解の上支援計画を作成して，役割分担しつつ支援を実践し，評価する。支援においては短期的目標と長期的目標をたて，実践の経過を見直すことが必要となる（文部科学省，2022）。

被害を受けた子どもに対しては，教職員，保護者，親しい友人と連携し，寄り添える体制を作り，安心感の回復と心のケアを重視する。いじめを行った子どもに対しては，いじめの不当性を毅然と指導するとともに，背景にある個別的葛藤やストレスに目を向けた指導が必要である。学校全体の問題として考える機会を作ることも重要である。

7. 例題について考えてみよう

例題は，中学生女子の同質性の高いチャム・グループで起こった無視といういじめである。同じ行動をとるということが仲間の至上命令のようになり，それに反するものは弾き出される。興味関心を共有しあって結びついたはずが，いつの間にかお互いの同調的関係性に過剰に縛り付けられている。共有しあう興味関心の中味が乏しいとき，仲間の誰かをスケープゴートにしたてて弾き出すと，残りの人間は「私たちは同じである」と表面的な集団凝集力を高められる。いかにも表面的な結びつきであるから，いじめのターゲットがゲームのように順番に交替していくこともある。

ここで問題になるのは「いじめはおかしいことである」という感覚をどうしたら育てられるかである。他の子どもは自分に火の粉が降りかかるのを恐れ，無視に同調していく。いじめられたのだから，いじめ返してよいと感じている。相手の問題点を指摘して改善を求めることとやり返すことの区別ができていない。前節で述べたように，教師は「いじめは許されない」という毅然とした指導を行うとともに，規範意識を育てるための取り組みを行わねばならない。また，行事等において集団で共通の目標に向かって団結するなど，思春期の仲間間圧力をよい意味で発揮させていくことが必要であろう。取り組みにあたっては，担任教師だけではなく，学年，学校全体の問題として，温かい集団風土を育てるために協働して対応しなければならない。

発展図書案内

保坂　亨（2010）．いま，思春期を問い直す─グレーゾーンにたつ子どもたち　東京大学出版会

→著者の相談経験を踏まえた，思春期発達論とその援助に関する試論である。心理学アプローチにより子どもの発達を考えるだけでなく，広く歴史学や社会学の立場から捉える。そのうえで，学校教育を中心に思春期の子どもたちへの援助について考察している。文字通り思春期を問い直す試論である。

森田洋司（2010）．いじめとは何か　中央公論新社

→著者は日本のいじめ研究の第一人者である。いじめをその定義から考察し，国際比較を行うことで，日本の特徴を明らかにしている。いじめ問題を考える入門書である。

引用文献

蘭　千壽（1992）．対人関係のつまずき　木下芳子（編）新・児童心理学講座８　金子書房　pp. 262-295.

Epstein, J. L. (1989). The selection of freiends. In T. J. Berndt & G. W. Ladd (Eds.), *Peer relationships in child development.* Wiley.

Floyd, H. H. Jr., & South, D. R. (1972). Dilemma of youth : The choice of parents or peers as frame of reference for behavior. *Journal of Marriage and the Family, 34,* 627-634.

保坂　亨（1998）．児童期・思春期の発達　下山晴彦（編）教育心理学Ⅱ―発達と臨床援助の心理学　東京大学出版会　pp. 103-125.

井上健治・久保ゆかり（編）（1997）．子どもの社会的発達　東京大学出版会

岩脇三良（2002）．教育心理学への招待　サイエンス社

河村茂雄（2007）．学級づくりのためのQ-U入門　図書文化社

森田洋司（2010）．いじめとは何か　中央公論新社

文部科学省（2013）．別添1　いじめ防止対策推進法（概要）〈https://www.mext.go.jp/a_menu/shotou/seitoshidou/1337288.htm〉

文部科学省（2021）．令和2年度　児童生徒の問題行動・不登校等生徒指導上の諸課題に関する調査結果の概要〈https://www.mext.go.jp/content/20201015-mext_jidou02-100002753_01.pdf〉

文部科学省（2022）．生徒指導提要〈https://www.mext.go.jp/a_menu/shotou/seitoshidou/_icsFiles/afieldfile/2018/04/27/1404008_03.pdf〉

Parten, M. B. (1932). Social participation among pre-school children. *Journal of Abnormal and Social Psychology, 27,* 243-269.

Selman, R. L., & Demorest, A. P. (1984). Observing troubled children's interpersonal negotiation strategies : Implications of and for a developmental model. *Child Development, 55,* 288-304.

園田雅代・中釜洋子・沢崎俊之（2004）．教師のためのアサーション　金子書房

竹内和雄（2022）．コロナ禍におけるネット問題への対応　生徒指導学研究，*20*，22-27.

都筑　学（2008）．小学校から中学校への学校移行と時間的展望―縦断的調査にもとづく検討　ナカニシヤ出版

上野行良・上瀬由美子・松井　豊・福富　護（1994）．青年期の交友関係における同調と心理的距離　教育心理学研究，*42*，21-28.

渡部玲二郎（1993）．児童における対人交渉方略の発達―社会的情報処理と対人交渉方略の関連性―　教育心理学研究，*41*，452-461.

コラム 3

子どもの心の成長とインターネットのコミュニケーション

LINE で友だちが増えた。Facebook の友だちリクエストも 3 通届いている。SNS でも友だちができたし，ゲームサイトのチャットも楽しい。Instagram や Twitter のフォロワーも増えてきた。

現代の子どもたちは，このようにインターネットのコミュニケーションツールを活発に利用し，一部には依存する傾向も見える。

いじめ自殺事件の報道があると，関係した子どもの顔写真や住所，保護者の職業等の情報が特定サイトや掲示板に掲載されることがある。現代は，事件報道や個人の失態には掲示板やサイトに悪口雑言が山のように寄せられるネット社会でもある。クラス内のトラブルでも中傷メールが飛び交い，「LINE 外し」などのネットいじめも増加する傾向にある。

ネット特有の匿名のような気楽さが無責任な攻撃性を生んでいるようだ。ネット上の交流は楽しいし，役にも立つが，実際の人間関係と同じ性質をもっているわけではない。子どもたちはその違いを理解しているのだろうか。相手に面と向かうと言いにくい，目も合わせられない，そんな自分の逃げ場として，ネットでのコミュニケーションを利用しているように見える。

子どもたちの心の成長と青年期の自立のためには，相手と対峙できる人間関係が必要だ。仲間と対峙し葛藤を乗り越えた出会いは，子どもに客観的な自己認識と仲間と共感する能力をもたらす。この種の出会いがないと自己理解は進まず，自己中心性を脱却できぬまま自立は遅滞する。相手の息づかいや痛みが感じられないネット上の関係は，実際の人間関係の代用品にはならない。そのコミュニケーションは逃げ道が多く，相手との関係には，どこか自己中心性を拭いきれていない安易さやよそよそしさが漂っている。

4章
自己の発達

例　題

自分のよさに自信をもつことは，自分を大切にし物事に積極的に取り組む意欲につながるだけでなく，他者と積極的に関わり良い人間関係を築くうえでも，さらに命を大切にする気持ちをもつうえでも大切なことである。

しかし近年，とりわけ小学校高学年から高校にかけて自分に自信がもてない子どもたちが増えているといわれている。

内閣府（2019）の国際調査によれば，「自分自身に満足している」という質問に対し「そう思う」，「どちらかといえばそう思う」と回答した日本の若者は約45%であり，アメリカ87%，韓国73%など他国が7割を超えているのに比べ低い割合にある。また別の調査では「今の自分が好きだ」という質問に肯定的な回答をする割合は，小学校4年生から高校2年生にかけて学年が上がるごとに減り，特に小学校6年生56%と中学2年生37%の差が大きい（国立青少年教育振興機構，2014）（図4-1参照）。さらにこうした傾向は男子より女子の方が強いとされる。

問　い

・思春期（児童期後半から青年期にかけて）の子どもたちが，成長に従って自分に自信がもてなくなるのはなぜだろうか。また女子の方がその傾向がより強いのはなぜだろうか。そしてこうした子どもたちに教師はどのように関わっていけばよいだろうか。

キーワード：自己概念，自尊感情，自我同一性（アイデンティティ），ジェンダー，性役割，性同一性
キーパーソン：エリクソン，マーシャ，ロジャーズ

1.「自己」のめばえと発達

[1] 乳・幼児期の自己

柏木（1983）は「自己」の認識を,「自己知覚」「自己概念」「自己評価」の3つに区分し，概ねその順に発達していくとしている。生まれたばかりの乳児は，自分を抱く母親の手や授乳のための乳首などの外界と自分との境界を知らない，すなわち漠然とした自他未分化な状態にある。やがて自分の身体が外界から区分した存在だということを知るのが自己の最初の認識,「自己知覚」である。生後6か月から1年くらいまでの乳児に盛んに見られる，たとえば自分の足をなめるといった自己刺激的運動などを通して自分と自分以外のものが異なることを認識していく。

さらに，鏡に映った自分への反応を見る実験によって自己の認識を確認することができる。生後6か月ごろまでは鏡に映った自分を完全に他者と思っている行動（相手をたたく，声をかけるなど）を示すが，その後鏡像と自分の手や足を見比べたり，動かして連動性を確かめるようになる。そして，子どもに気づかれないように鼻の頭に口紅をつけて鏡を見せると，鏡像ではなく自分の鼻を触ってこれをとろうという動きが出てくる。このように自分の身体に対する自己の認識を明確に示す反応が起きるのが15か月から22か月ごろにかけてである（百合本，1981）。

その後2,3歳になると自我が芽生え，**第一反抗期**と呼ばれる自己主張の強い時期となる。このころ，自己の認識は「名前」や「持ち物（……を持っている）」が主となり，自分のおもちゃを「○○ちゃんの！」と抱え込んでほかの子どもに貸さない。また，親の言うことを聞かず，うまくできなくても自分でやろうとするなど，周囲から見ればとても手を焼く時期である。しかし自分の物や意志が「他人とは異なる」という認識をもち自己主張が可能になってこそ，その後他者の主張を認めたり他者と協力することができるようになるのであり，人間関係の発達のうえでも大切な意味をもつのである。

さらに4，5歳になると身体などの外面的特徴や行動（習慣や能力「……ができる」）が自己認識の主体となる。「……ができる」という理解は，他者との比較，すなわち他者との関係から自己が認識されるようになったことを表す。

このように幼児期は自己知覚から，自己の内面への認識を含む「自己概念」へと広がりをもつ時期といえる（柏木，1983）。

［2］児童期・青年期の自己概念

自己概念は児童期ではさらに広がりを見せ，対人関係のもち方や性格気質などの内面的・認知的側面が中心となってくる。そして自分の経験にだけ根ざしたそれまでの自己像に加えて，他者からどう見られているかを把握したうえでの自己概念となるのである。しかし同時にそれは，自己に対する満足／不満足などの評価感情すなわち「自己評価」をもたらすことになる。自己評価は児童期の最初は他者の評価より甘い方に偏るが，思春期を迎えるころには，自己評価がより他者からの評価に影響される。そして他者からの視線に敏感になり，自己評価が下がる時期となる（柏木，1983）。

他者や社会の価値観を理解し影響されることにより，こうありたいと望む理想自己がつくられる。思春期から青年期にかけては理想自己と，あるがままの自己すなわち現実自己との「ずれ」が広がり，最大となる時期でもある。こうしたずれは，理想自己を目指して現実自己を変革し成長につなげていくことが大切であるが，一方過度な理想自己をもち現実自己とのずれが大きくなることは不適応につながるとロジャーズ（Rogers, C. R.）は指摘している。ロジャーズは来談者中心療法の提唱者だが，カウンセリングにおいて，高すぎる理想自己や低すぎる現実自己を適度なものに修正する援助を行ったのである（谷，2015）。

青年期は，他者との関係に応じて自己概念が変動する。家族や友人など相手や場面によって自己の違った側面を見せるのも青年期の自己の特徴である（若本，2011）。なかでも青年期の親子関係においては心理的な自立，すなわち，ホリングワース（Hollingworth, L. S.）のいう**心理的離乳**を目指す時期でもある。思春期に入ると急速な身体発達に伴い自立の欲求が生じる。しかし親の権威や価値観に従ってきたそれまでと異なり自分の意志で行動することは簡単ではなく，自立と依存の間を揺れ動き葛藤する。その葛藤が親に対する反抗，批判的態度となることも多く**第二反抗期**ともいわれる（福田，2009）。このように青年期は，理想自己と現実自己を葛藤しながらも統合し自己を形成していく時期といえる。

なお，現代青年の親子関係は，必ずしも第二反抗期が見られず良好な親子関係にあることも多いともいわれる。これについて自立の遅れといった否定的な見解がある一方，大石・松永（2008）は，親との共生的な関係すなわち「早く親から独立したい」とは思わずに信頼関係を保っているような，親との良好な関係は，現代若者の自立の要素の一つであることを示している。すなわち社会の変化を背景に親子関係も変化しており，必ずしも否定的に受け止める必要はないという見方もある。平石（2015）は，青年期の親子の葛藤あるいは親密な関係自体の是非を問うのでなく，関係の質や，親子双方にどのような意味をもつのかを丁寧に検討する必要があるとしている。

［3］青年期の自尊感情

自己評価のなかでも「自分自身を価値あるものとして感じること」（中間，2016）を示す語に**自尊感情**[1]がある。自尊感情は，自己評価と他者評価双方から成り立つが，自分自身を「非常に良い（very good）」というより「このままでよい（good enough）」と受け入れる感覚である。本章冒頭の例題に示したとおり，図4-1では「今の自分が好きだ」という問いへの肯定的な回答が小学校から中学へ学年が上がるとともに減っており，思春期において自尊感情（自己肯定感）が低下することが示されている。

思春期の子どもたちの自尊感情が低くなることは，「自己」の発達と深く関わっている。この時期は他者からの評価や関係性によって自己を認識するようになる。特に学校生活のなかで，学業成績をはじめ運動や特別活動，あるいは仲間や集団における役割など，多様な評価軸における他者からの評価によって自尊感情が大きく影響される。また理想自己と現実自己のずれから現実自己を受容できず自尊感情が低くなることもある。

自尊感情は，個人の適応や心理的健康と関連するとされ，自尊感情が高い子どもは不安や無力感が低く主観的な幸福感が高い（中間，2016）。そして，学

1　「自尊感情」は 'self-esteem' の訳語であり，類似の語に「自己肯定感」，「自尊心」などがある。教育分野では「自己肯定感」が用いられることが多く，概念に関し議論はあるがここではほぼ同義として扱う。

図 4-1　児童・生徒の自己：「今の自分が好きだ」（国立青少年教育振興機構，2014）

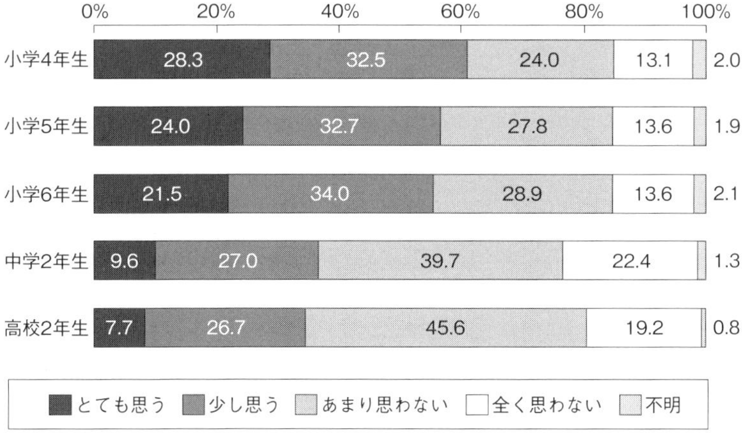

習や生活に前向きに取り組む行動につながるとして，子どもたちの自尊感情を高める取り組みに関心が寄せられてきた（東京都教職員研修センター，2022）。

一方自尊感情をめぐりさまざまな議論もある。自尊感情が高ければ高いほどよいのか，あるいは自尊感情が低いことは本当に課題なのかなどである。自尊感情は本来「このままでよい」という感覚であるが，他者からの評価や「非常に良い」という認識に影響されることで，たとえば過剰適応や不健康な自己愛などの問題につながりうる。一方，低い自尊感情のなかにも，たとえばよりよい方向に向かおうとしている自己への信頼がある場合などは必ずしも不適応的とはいえない。大切なことは「このままでよい」，すなわち短所や欠点も含めてありのままの自分を受け入れられることが重要である。さらに他者や周囲への肯定的な配慮を伴うことが自尊感情の基盤になると考えられる（中間，2016）。

2. ジェンダーの発達と自己

［1］生物学的性別（sex）と社会的性別（gender）

性には生物学的性別（sex）と社会的な性別，**ジェンダー**（gender）がある。

生物学的性別（sex）は，生物学的な要因に基づきこれまで，男女に二分されると考えられてきた。しかし近年，性分化の研究が進むに伴い，単純に二分

表 4-1　女性役割（女らしさ）・男性役割（男らしさ）を表す項目
（伊藤，1978；青野，2022 を一部改変）

女性役割項目（女らしさ）		男性役割項目（男らしさ）	
かわいい	言葉使いのていねいな	冒険心に富んだ	頼りがいのある
優雅な	繊細な	たくましい	行動力のある
色気のある	従順な	大胆な	自己主張のできる
献身的な	静かな	指導力のある	意志の強い
愛嬌のある	おしゃれな	信念をもった	決断力のある

されるものでなく連続的なものとして捉えられるようになってきた。

また社会的性別（ジェンダー：gender）は，社会・文化的に作られるものであり，特にそれぞれの性にふさわしいと社会が期待する行動や特性を「性役割（性別役割）」という。たとえば多くの社会で女性には，家庭的であること，愛想のよさ，従順さなどが，男性には経済力，強さ，行動力などが，いわゆる女らしさ，男らしさとみなされてきた。

表 4-1 は，男性，女性にふさわしい役割として人々が共有するステレオタイプ（思い込み，信念），すなわちジェンダー・ステレオタイプを表しており，男らしさは一人の人間として独立している「作動性」が，女らしさは他者へ配慮する「共同性」がその中核とされている。近年，社会状況は大きく変化し，男女の役割分担も以前より明確でなくなってきたように思われる。しかし 1970 年代と 2000 年代の調査ではジェンダー・ステレオタイプ（表 4-1）の捉え方にはほとんど変化がなかったという。一方他に変化が見られたとする研究もあるが，概してジェンダー・ステレオタイプは変容しにくく維持されやすい。そして我々の意識や行動，そして自己の形成過程に深く関わっている（青野，2022）。

[2] 多面的・多様な性

ジェンダーには，先に挙げた「性役割」のほかに「性同一性（ジェンダー・アイデンティティ）」，「性的指向」といった側面がある（青野，2022）。

「性同一性（ジェンダー・アイデンティティ：gender identity）」は性に関する自己認識（性自認，いわゆる心の性）である。自分が女性である，男性である，いずれでもある，いずれでもないなどの認識であり，なかには性自認と生物学的性・戸籍等法的性別が一致しない，あるいは違和感がある場合があり，トランスジェンダー（Transgender）という。このうちアメリカ精神医学会診断基準（DSM-5）では基準に該当する場合を「性別違和」としているが，2013年の改訂前の「性同一性障害」から「障害」の語を含まない名称となっている。

「性的指向（sexual orientation）」は，性的な関心の対象に関するものである。異性愛のほか同性愛，両性愛，無性愛などもある。

近年，多様な性を表す言葉として「LGBT」の語が使われている。LGBTは，LGBは性的指向が異性愛でないこと，Tはトランスジェンダーを示しており，さらにいずれか明確でないまたは決めたくない，Q（クエスチョニング）などを加える場合もある。しかしこうした語によっても多様なセクシュアリティを捉えきれず，また性的マイノリティともいわれる表現に多数派と少数派を分けるニュアンスが含まれることも指摘されている。よってすべての人が自分を表現しうるものとして，「性的指向」と「性自認」の頭文字をとった「SOGI」の語も使われるようになっている。

[3] 青年期のジェンダーの発達と自己

性同一性について，子どもはおよそ2，3歳ごろには認識し，自分や他者を性でラベルづけするようになるとされる。そして幼児期にはジェンダー・ステレオタイプを急速に理解し始め，6歳ごろにはほぼ成人と同じ程度の知識を身につける。幼児期から児童期にかけて，おもちゃや遊び，将来あこがれる職業など，外見的なものが中心であるがよりステレオタイプに沿ったものを選ぶ傾向が強くなる。

思春期に入ると身体の発達が加速され，二次性徴を迎える。身長・体重の急速な増加とともに男子では変声や精通，女子では乳房の発達や初潮を迎える。このような身体の急速な変化は自己への意識を高め，時にはとまどいや不安などを生じさせる。思春期の身体的・性的成熟の受容は女子の方がより否定的であり，また他者の視線，容姿への意識が高まることが性同一性の発達に影響し，自尊感情を低めることにつながりうる（伊藤，2000）。

その後思春期から青年期にかけては，後述するアイデンティティの確立が課題となる時期である。今度は社会から期待される性役割がより女子にとって葛藤や不安が生じるものになりやすい。たとえば将来の進路・職業を展望するうえで，女性が選択しにくいあるいは女性役割と相容れないと感じたり，仕事と結婚，育児など多くのライフイベントを視野に入れてキャリアを考える困難さに直面することなどによる。ただし近年社会・雇用状況の変化もあり，男子においてもより葛藤を生じやすくなっていると考えられる。

また，LGBT 当事者は青年期の自己を形成するうえでの困難を生じやすい。性別に違和感のある子どもの半数以上が自身の違和感を小学校入学前には自覚しているとされる。また，異性愛でない子どもが自身の性的指向に気づくのは思春期が最も多いがそれ以前のこともある。一方学校生活を送るなかで，性的違和にあたる子どもの約 6 割は基本的に他の子どもに知らせておらず（文部科学省，2016），無意識的あるいは暗黙のものも含めて否定的・不適切と感じるメッセージを受け取り傷つくことも少なくない。結果として自尊感情が低下し，アイデンティティの確立に深刻な影響がもたらされることにつながる。さらにいじめや不登校，自傷行為等の経験がある子どもの割合が高いともいわれている（葛西，2019）。

文部科学省（2016）は，教職員向けの資料を作成し性的指向・性自認に係るきめ細やかな対応を求めている。学校生活を送るうえでの環境（例：施設設備（トイレ，更衣室等），服装，呼称の工夫等）を具体的に整えることは重要である。併せて相談体制の充実が重要であるがそれは組織としての支援体制だけでなく，一人一人の教員の意識や理解が基盤となるだろう。

教員は子どものよき理解者となるよう努め，相談を受けた際は悩みや不安を丁寧に聴く姿勢が大切である。また配慮については，カミングアウトの強制にならないよう留意し本人の意思を尊重しながら行う必要がある。さらに葛西（2019）は，どの児童生徒が当事者かということに配慮するのでなく，どの児童生徒もジェンダー，セクシュアリティのことでいじめ，からかいの対象になる可能性があると認識することが重要と指摘している。

ジェンダーの発達を支援するうえで教師・大人には，多様なジェンダー，セクシュアリティを理解し，子どもへの言葉かけや態度など具体的な関わりに活かしつつ，すべての子どもの多様性を尊重する姿勢が求められている。そのために自身の考えを改めて問い直すことも大切だろう。

3. 自我同一性＝アイデンティティ

[1] エリクソンの発達段階

エリクソン（Erikson, E. H.）は，フロイト（Freud, S.）の精神分析の影響を受けながら自我の発達を理論化した**漸成発達理論**（epigenetic principle）を提唱した。エリクソンは個人と社会との関係を重視した点，そして人間の生涯にわたっての発達を考えるという点が大きな特徴である。人生を8段階にわけた発達段階が示され，**ライフ・サイクル論**とも呼ばれている（図4-2）。そして，各段階では**発達課題**（発達主題）が与えられるが，それは「(肯定的側面）対（否定的側面)」というかたちで示されている。この二者の間の葛藤を乗り越えて次の発達段階へと段階的に進む（＝漸成）と考えるものである（Erikson, 1980）。

図 4-2　エリクソンの発達段階とアイデンティティ拡散（鑪，1990 を一部改変）

	1	2	3	4	5	6	7	8
Ⅰ 乳児期	信頼 対 不信							
Ⅱ 幼児前期		自律性 対 恥，疑惑						
Ⅲ 幼児後期			自発性 対 罪悪感					
Ⅳ 児童期				勤勉性 対 劣等感				
Ⅴ 青年期	時間展望 対 時間拡散	自己確立 対 同一性意識	役割実験 対 否定的同一性	達成の期待 対 労働麻痺	同一性 対 同一性拡散	性的同一性 対 両性的拡散	指導性と服従性 対 権威の拡散	イデオロギーへの帰依 対 理想の拡散
Ⅵ 成年期						親密性 対 孤立		
Ⅶ 中年期							世代性 対 停滞性	
Ⅷ 老年期								統合性 対 絶望

[2] 青年期以前の段階

8段階のうち最初乳児期における**基本的信頼**とは，自分のまわりの人（親など）は自分を見捨てないと信じられること，そして自分に対して自分は愛される価値のある人間であると信じられることを意味しており，人格発達の重要な基礎となる。これは，乳児の欲求（空腹，おむつの交換など）に応え，あるがままを受け入れる愛情ある関係性から生まれるのである。一方で愛情をかけてもらえない，あるいは条件付きの愛情によって「不信」の感覚となり，周りの人を信頼できなくなる。ただし，不信（否定的側面）をまったく経験しないことが良いのでなく，不信を知りつつ基本的信頼がそれを上回ることが重要なのである。

その後，幼児前期1〜3歳ごろになると欲求のままに生きてきた乳児も**自律性**，すなわち欲求をコントロールすることが求められるようになる。その代表がトイレトレーニングであり「しつけ」も始まる時期である。欲求をがまんし決まりに従うには自尊感情が大きな役割を果たしている。よってできたときにはそれをほめ，自信をもたせることが大切である。一方この対極は「恥」の感覚である。欲求をうまく我慢できなかったことが恥となり自尊心（自尊感情）が傷つけられるので，この時期の子どもを叱るときにも過度に恥をかかせたりプライドを傷つけることのないよう注意することが大切である。

4，5歳になると，欲求をうまくコントロールできるようになる一方，運動・言語能力も発達し好奇心も旺盛になる。そして自分でやりたいことを考え，行おうと主張する**自発性**が発揮される時期となる。子どもが自分で遊びを考え，ルールを作り，リーダーシップを発揮しながら遊ぶことは，その後の創造性，企画力などに結びつくものであり，周囲の大人は子どもの遊びを大切にしたい。一方，自発性を発揮しすぎると他人とうまくいかなくなり「罪悪感」を感じることにつながり，やはりそのバランスが大切である。

小学校に入ると**勤勉性**が主題となる。学校での勉強やその他の活動を通して何かに集中して取り組んだり，達成することを学ぶ。さらに仲間との共同作業や競争のなかで自分が好きなものや得意なもの，適性を見つける時期となる。一方それがうまくいかないと自分が何もできないという「劣等感」が生じるのであり，周囲の大人や教師は子どもたちの適性を見つけ伸ばしていくよう支援することが望ましい（大野，2010）。

[3] 青年期の課題＝アイデンティティの確立

①アイデンティティとは

エリクソンは青年期の課題を**自我同一性**（**アイデンティティ**：ego identity）の確立とした。英語では身分証明書のことを「アイデンティティ・カード（ID）」といい，‘自分を証明する’カードという意味である。アイデンティティとは，「『自分』についての意識やその内容のこと」であり「『自分は何者か』，『自分は何になりたいか』という問いに対し自分なりに答えを探求すること」である（鑪，1990）。青年期において，社会における複数の役割を統合した自分らしい生き方を展望することであり，いわば将来の自分の人生を選び，そのスタートラインに立つ「覚悟を決めること」である（大野，2010）。

先述したように，児童期まですでにさまざまな自己を形成しているが，それには他者との関係が大きく影響している。とりわけ親や教師といった周囲の大人を理想的な人物として同一化し，自分も同じように振る舞ったり考えたりしてきたものも多いだろう。それをもう一度見直し，自我の力で自分らしさをまとめ上げるプロセスともいえる。そして自分について「斉一性」と「連続性」の感覚をもてること，すなわち自分が他者と異なる存在であり，かつ過去・現在・未来と時を経ても連続した自分であるという感覚をもてること，しかもそれが「他者からもそのように思われている」，すなわち社会的に承認されている感覚をもてることが大切なのである（Erikson, 1980）。

一方アイデンティティが確立できず危機を迎えるときが**アイデンティティ拡散**である（図4-2）。すべてが一時的なものとしか見えずあるいはすべてが可能であるように思われて，一つのことに自分が積極的に関与していくことができない状態である。これには以下のような側面がある（鑪，1990）。

①時間的展望の喪失：自分の内的な時間のあり方を示す。自身の過去にさかのぼり，これを認めつつ将来への展望をもつことができず，時間的見通しが失われている。刹那的で無気力な状態。

②自意識の過剰：社会の現実のなかでの相対的な自分を認められず，自意識が過剰となり，誇大的あるいは完全な自分を夢見てそれにとらわれてしま

う。

③否定的同一性：社会的に望ましい価値観を否定し，周囲が認めないようなものに同一化する。たとえ反社会的集団や社会が否定するような人生であろうともアイデンティティは統合することを求めるのだが，その背景には自己への不信感や自尊感情の低さがあるとされる（9章2節参照）。

④勤勉さの拡散（活動の麻痺）：社会的役割の取り方を示す。社会的役割の選択に向けて実験的な試みを行うことをせず，選択を延ばし社会的な参加を回避する。何かを持続的に取り組むことができないか，一方本当に大切なものを避けながら何かに過剰にのめりこむ場合もある。

⑤性同一性の拡散：生物学的性あるいはジェンダーに自己を位置づけることと関わる。時代や社会の変化に伴い変化している領域であるが，拡散により人との親密な関わりを避けるようになる可能性がある。

他にも自分の信じる権威や理想の拡散などがあるが，いずれも青年期にこうした拡散の危機に取り組むことを通してより豊かで柔軟なアイデンティティを確立するチャンスとなるのである。

②アイデンティティの発達＝アイデンティティ・ステイタス

マーシャ（Marcia, 1966）はアイデンティティの形成のプロセスを類型化した。実際は面接によって人生の重要な領域（職業，宗教，政治）に関する「危機（crisis）：自分自身の意思決定があったかどうか」と「積極的関与（commitment）」の有無によって4つのステイタスに分類した（表4-2，溝上，2012）。

①アイデンティティ達成：危機を経験したうえで自分の人生の重要な領域に積極的関与している。

②モラトリアム（Moratorium）：エリクソンは青年期の「社会的責任の免除期間」をモラトリアムと呼んだ。現在危機を経験しつつ積極的関与をする

表4-2　アイデンティティ・ステイタス（Marcia, 1993；溝上，2012）

	アイデンティティ達成（Identity achievement）	モラトリアム（Moratorium）	早期完了（Foreclosure）	アイデンティティ拡散（Identity diffusion）
危機	あり	最中	なし	あり or なし
コミットメント	あり	あるが，漠然	あり	なし

特定の職業や価値観を模索中であり漠然としている。

③早期完了（Foreclosure）：危機を経験することなく特定の生き方，職業，価値観などに積極的関与をしていること。多くは親や年長者などの価値観を自分のものとしている。通常はアイデンティティ達成と同じように見えるが，価値観が問われるような状況で混乱に陥る可能性もある。

④拡散（Diffusion）：危機の有無にかかわらず，積極的関与する職業や価値観をもてない，あるいはもとうとしていない状態。

こうした4つのステイタスは一般に，年齢とともに移行し，多様なプロセスを経て最終的にアイデンティティ達成の方向に向かうとされる。しかし，アイデンティティは青年期で一度確立して終了するというものでなく，その後も危機が訪れアイデンティティを再構築することを繰り返すという，生涯発達的なモデルが提案されている（岡本，1999）。

［3］青年期以降の段階

青年期の次の成人前期の段階では，**親密性**が主題となっている。他者との恋愛やパートナーとの親密な関係はアイデンティティの感覚を得た者同士でこそつくられるのであり，互いを独立した人間として尊重する「相互性」が重要である。一方，親密な関係になることにより自分を見失ったり，不確かなアイデンティティを相手から認めてもらうために親密な関係を求めたりするとき，「孤立」を感じることになるのである。

次の成人期では**世代性**すなわち子どもを生み育てていく，あるいは子どもに限らず仕事などを通じて次の世代に何かを引き継ぎ導くことが主題である。しかし人の世話をしたり何かを伝えたりすることに目を向けず，自分のことのみにとらわれていると「停滞」してしまう。

そして老年期の主題は**統合性**である。自分の人生は良いことも悪いことも含めて自分自身の責任であるという事実を受け入れることである。難しいことだがそれができない場合，時間が足りないという感覚や死への恐怖といった「絶望」を感じてしまうのだという。エリクソンの漸成発達理論は生涯にわたった発達段階を示した点が特徴的であるが，人の一生を展望したうえでそれぞれの段階における自己，そして自己と他者や社会との関わりの意味を考えることが大切であろう。

4. 例題について考えてみよう

本章でこれまで見てきたとおり，思春期は自己の形成過程において，自己概念が他者からの評価に影響され，また理想自己と現実自己のギャップなどにより自尊感情が低下しやすい時期である。さらに，青年期の発達課題であるアイデンティティ確立において，性同一性（ジェンダー・アイデンティティ）も問い直される時期となる。その際思春期の身体的変化や，性役割の受容などにおいて女子により葛藤が生じやすく，自尊感情が低下する傾向も強まると考えられる。さらに，LGBT の当事者である子どもたちは自尊感情が低下するリスクが高く，学校での支援が求められていることも触れてきた。また，他にも学校では，不登校，非行，発達障害（9，10 章参照）はじめ困難・課題を抱える子どもたちなど自尊感情を支える必要がある子どもたちは多い。日本の子どもの自尊感情は国際比較においても低く，その理由は簡単に結論づけられないが，我々を取り巻く社会や環境の影響も踏まえる必要があるだろう。

大切なことは教師・大人が子どもたちの自己，自尊感情のありようを丁寧に捉え，支えていくことであろう。そして教師・大人は，一人一人の子どもをありのままに受け止め，思いを共有できる存在になること，学業はじめさまざまな行動に対し結果や優劣のみで評価するのでなく，プロセスに目を向け肯定的な側面や成長を認める働きかけを行うこと，本人が成功・成長を実感できる環境づくりを行うことなどが大切である。さらに他者との関係のなかで，自分の意見を伝えたり他者の考えを受け止めながら，多様性を認めあう学級・集団づくりも意識していきたい（荻野，2012）。

発展図書案内

鑪　幹八郎（1990）．アイデンティティの心理学　講談社

→アイデンティティについて，簡潔にわかりやすくまとめられている。さらに日本人のアイデンティティなど，著者独自の視点も表されており興味深い一冊。

古荘純一（2009）．日本の子どもの自尊感情はなぜ低いのか　光文社
→児童精神科医の著者が，日本の子どもの現状を自尊感情という視点から描いている。豊富な事例，調査をもとに多角的に考察されており，子ども理解に有用な一冊である。

日本発達心理学会（2022）．ジェンダーの発達科学—発達科学ハンドブック 11　新曜社
→ジェンダーに関するテーマを幅広く，かつ学際的なアプローチで取り上げている。実践・研究などに幅広く有益な書である。

引用文献

青野篤子（2022）．「女性」とは？「男性」とは？　青野篤子・土肥伊都子・森永康子（著）新版　ジェンダーの心理学—「男女」の思い込みを科学する—　ミネルヴァ書房

Erikson, E. H.（1980）. *Identity and the life cycle.* W.W. Norton.（西平　直・中島由恵（訳）（2011）．アイデンティティとライフサイクル　誠信書房）

福田佳織（2009）．青年の自立—家族との関係　宮下一博（監修）ようこそ！青年心理学—若者たちは何処から来て何処へいくのか—　pp. 40-50.

平石賢二（2015）．現代青年の親子関係は変わったか　白井利明（編）よくわかる青年心理学　ミネルヴァ書房　pp. 78-79.

伊藤裕子（1978）．性役割の評価に関する研究　教育心理学研究，*26*，1-11.

伊藤裕子（2000）．ジェンダーの発達心理学　ミネルヴァ書房

葛西真記子（2019）．LGBTQ＋の児童・生徒・学生への支援—教育現場をセーフ・ゾーンにするために—　誠信書房

柏木恵子（1983）．子どもの「自己」の発達　東京大学出版会

国立青少年教育振興機構（2014）．「青少年の体験活動等に関する実態調査（平成 26 年度調査）」資料集
http://www.niye.go.jp/kenkyu_houkoku/contents/detail/i/107/

Marcia, J. E.(1966). Development and validation of ego-identity status. *Journal of Personality and Social Psychology, 3,* 551-558.

Marcia, J. E.（1993). The ego identity status approach to ego identity. In J. E. Marcia, A. S. Waterman, D. R. Matteson, S. L. Archer, & J. L. Orlofsky, *Ego identity : A handbook for psychosocial research.* New York : Springer-Verlag. pp. 3-21.

溝上慎一（2012）．青年心理学における自己論の流れ　梶田叡一・溝上慎一（編）自己の心理学を学ぶ人のために　世界思想社　pp. 148-168.

文部科学省（2016）．性同一性障害や性的指向・性自認に係る，児童生徒に対するきめ細やかな対応等の実施について（教職員向け）
https://www.mext.go.jp/content/20210215_mxt_sigakugy_1420538_00003_18.pdf

内閣府（2019）．令和元年版　子供・若者白書

https://www8.cao.go.jp/youth/whitepaper/r01honpen/s0_1.html
中間玲子（2016）．自尊感情の心理学―理解を深める「取扱説明書」―　金子書房
荻野佳代子（2012）．小・中・高校生における自己概念の発達Ⅱ―自尊感情育成における他者との関係に焦点をあてて―　神奈川大学心理・教育研究論集，*32*，37-42.
岡本祐子（編）（1999）．女性の生涯発達とアイデンティティ―個としての発達・かかわりの中での成熟　北大路書房
大石美佳・松永しのぶ（2008）．大学生の自立の構造と実態　日本家政学会誌，*59*（7），461-469.
大野　久（2010）．エピソードでつかむ青年心理学　ミネルヴァ書房
谷　冬彦（2015）．自己とアイデンティティ　白井利明（編）よくわかる青年心理学　ミネルヴァ書房　pp. 58-75.
鑪　幹八郎（1990）．アイデンティティの心理学　講談社
東京都教職員研修センター（2022）児童・生徒の「自尊感情」や「自己肯定感」を高めるために〈https://www.kyoiku-kensyu.metro.tokyo.lg.jp/09seika/reports/files/bulletin/r3/materials/r3_leaflet_02.pdf〉
若本純子（2011）．自己概念の発達：乳児期，幼児期，児童期，思春期　鹿児島純心女子大学大学院　人間科学研究科紀要，*6*，25-32.
百合本仁子（1981）．1歳児における鏡像の自己認知の発達　教育心理学研究，*29*，261-266.

コラム 4
安心できる関係性・自分らしくいられる居場所とは

「あなたの居場所はどこですか」と聞かれたら，何と答えるだろうか。

家や学校，職場というように物理的な場所を答える人もいれば，信頼できる家族や友だち，仲間というように人との関係性を答える人もいるかもしれない。

文部科学省（2012）は居場所を「児童生徒が安心できる，自己存在感や充実感を感じられる場所」としている。「自己存在感」とは人の役に立っているのかどうかは問題とせず，「自分という存在そのものが他者から必要とされている」ときに促される感情であるという。つまり，何かの役に立っているからという条件付きではなく，「ただいてくれるだけでいい」という，存在そのものを必要とされる感覚のことである。

他者との関係性の中で，自分が「ありのままで自分らしくいられる」ことと「役に立っている」と思えること，つまりは他者との関係をどのように意味づけするかが，居場所の心理的条件に大きく関わっているといえる。

地域の商店街の活動によく参加するある女子中学生に，なぜ参加するのか聞いてみると，商店街に行っただけで「よく来てくれたね」と商店街の店主さんたちが歓迎してくれるから，自分のアイデアを取り入れてもらえて役に立って嬉しいから，と答えていた。中学生にとって，同年代や年齢の近い友だちとの関係性が日常的に中心になると考えられるが，多世代での交流や関係性が他にいくつかあると，いつもの関係性に行き詰まったり，逃げ場が必要になったりしたときに，心の居場所にもなるのかもしれない。

引用文献

文部科学省（2012）．国立教育政策研究所生徒指導リーフ「『絆づくり』と『居場所づくり』」

5章
学習理論

例　　題

あなたが教師になったとき，周囲でこんな話が交わされているのを耳にすることがあるかもしれない。「覚えられないのはやる気がないからだよ」「正答でない解答には何の意味もない」「○×テストはただのお遊びだね」「褒めると身につかない」「先生がやってみせるのは生徒の学習にならない」「自分のしていることを点検できないのはだらしない証拠」「公式はとにかく暗記させなくちゃ」「言うことをきかない生徒は皆の前でひっぱたく」「学校で勉強しても結局忘れるから無駄」

問　　い

・あなたから見て，何かおかしいと思えるものはあるか。あなただったらどう言い直すだろう。

キーワード：強化，学習の構え，ワーキングメモリ，メタ認知，素朴概念，観察学習，学習の転移

キーパーソン：パヴロフ，スキナー，ミラー，フラベル，バンデュラ

1. 学習の基礎理論

[1] 強化による学習

日常生活において，学習とは一般に知識や技能を習得する知的活動のことであり，教育場面では勉強という言葉で表現されることも多い。だが心理学における学習の概念はもっと広くかつ根源的で，人を含めた動物において経験により得られるあらゆる行動の変容を学習という。そして伝統的な学習研究は，一般通念とは逆に，知性や意図を問題にしないやり方で学習を捉えてきた。

その出発点の一つは，ロシアの生理学者パヴロフ（Pavlov, I. P.）による条件づけの学習理論である。パヴロフは，イヌに餌を与えて唾液が分泌されるという状況のもとで，音などの唾液分泌とは無関係の刺激提示を繰り返したところ，音のみを提示しても唾液が分泌されるようになったという，有名な条件反射の実験を報告した。生理的に無条件に起こる刺激（餌）と反射（唾液）の関係に重ねられた中性刺激（音）が転じて，条件刺激（音）と条件反射（唾液）の関係が生じたということである。これが，後に**古典的条件づけ**と呼ばれる学習理論である。

もう一つの出発点は，オペラント（道具的）条件づけ学習理論である。米国のソーンダイク（Thorndike, 1911）が見出したのは，箱に入れられたネコが偶然に内部のひもに触れ扉が開いて脱出に成功し，この偶然が繰り返し生じた結果，無駄な行動が減って開扉に成功するようになるという行動様式の確立だった（図 5-1）。またスキナー（Skinner, 1938）は，レバーをつつくと餌が与えられる箱にハトを入れて，ハトがしだいに頻繁にレバーをつつくようになることを見出した。これらの学習は，脱出や餌の獲得という報酬が強化子となって特定の行動を強化したものであり，学習者の自発的操作が条件づけ学習を媒介するものなので，**オペラント条件づけ**と呼ばれた。

これらの学習理論は，動物の行動変容という根底から学習の説明を試みたもので，この考え方を行動主義（behaviorism）という。行動主義においては学習は経験の繰り返しに伴い徐々に成立するもので，その一般型はS字形の学習曲線として描かれる。

学習は，類似する刺激に対してもその度合いに応じて成立する。これを**刺激**

図 5-1　ソーンダイクの問題箱（Thorndike, 1911）

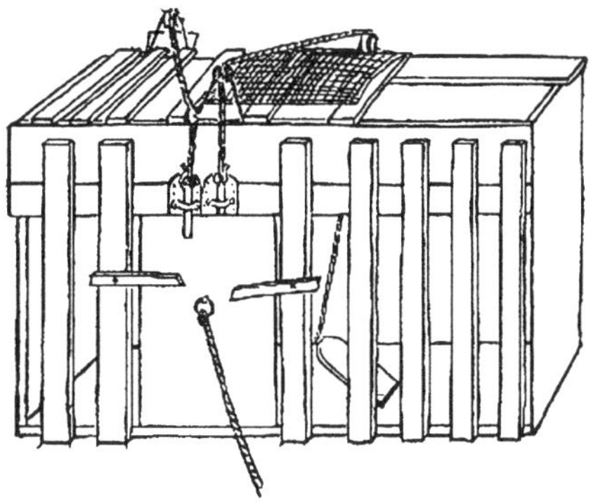

般化という。厳密に同じ刺激というのは存在しにくいので，私たちの学習はこの働きに支えられている。他方で，ある刺激は強化し別の刺激は強化しないことによって，刺激間に反応の有無が生じるが，これを弁別という。類似した刺激において弁別を獲得することで，私たちは多様な行動を獲得する。

普通には生じない複雑な行動を獲得させるために，目標行動をいくつかの段階に分け，容易なものから順に獲得させる手続きを**シェイピング**（shaping）という。動物の曲芸はこの方法で訓練したものである。人の複雑な行動の獲得メカニズムを理解するうえでも示唆的である。

いったん成立した行動も，その後条件刺激しか提示されないとしだいに生じなくなる。これを**消去**という。ところが，完全に消去された後，条件刺激が提示されると条件反応が復活することがある。これを自発的回復という。いったん獲得したことを失ってしまったように見えても，実はなくなってはいないということである。

行動主義を理論的基礎とする教育・臨床的アプローチは多い。行動療法はその一つである。人の問題行動に関して，望ましい行動には**正の強化**，問題行動には**負の強化**を与えるなどして，解決を図るものである。

［2］認知による学習

行動主義の学習理論では，一般に学習は経験につれて徐々に成立するが，ケ

図 5-2　学習の構え（Harlow, 1949）

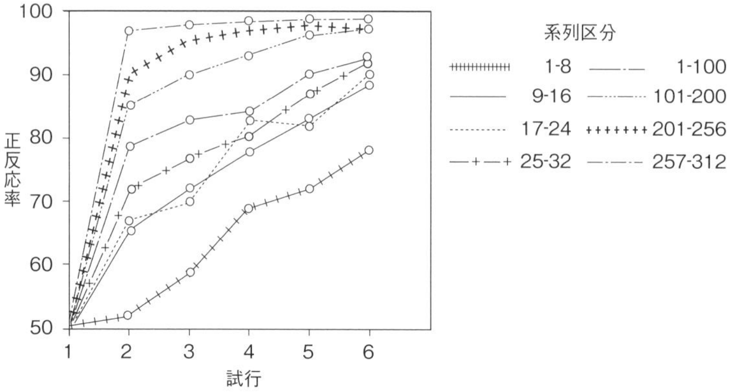

ーラー（Köhler, 1917）はサルが洞察（insight）（2章3節参照）を用いて一気に問題を解決したと考えられる学習の例を報告した。これは学習を認知的な再構成が起きたものとして説明したことになる。

学習の成立に関して，**学習の構え**（learning set）が形成されると報告したのは，ハーロウ（Harlow, 1949）である。ハーロウは，サルに対する弁別学習実験を行った。実験では，左右一方を決めて覆いの下に餌を6回置き続けることを繰り返した。同じ方に置いても，サルは最初のころ（1〜8系列）は6回ともでたらめに選んでいたが，これを繰り返す（257〜312系列）と，2回目から餌のある方を選ぶようになった（図5-2）。餌があったら次も同じ所，なければ次は別の所という構えが形成されたといえる。

他方，これとは反対に作用する構えもある。ルーチンズ（Luchins, 1942）は「水がめ問題」という問題解決実験によって構えの形成を示した。与えられた一連の課題は，容量のわかっている3つの水がめを用いて指定量の水を汲み出すことであった。3つとも複雑に組み合わせる課題を繰り返した人は，2つを使うだけで済むその後の課題にも同じ複雑な方法を用いた。このことを，ルーチンズは問題解決の構えとして報告した。

またメイヤー（Mayer, 1977）は，「2本コード問題」を用いた実験を紹介している。課題は，手を広げても届かない間隔をおいてつり下げられた2本のコ

図 5-3　2 本コード問題の解決（Mayer, 1977）

ードの先を結ぶことであった。ただし足下に物体が置いてあり，これを重りとして振り子にすると手が届き，2 本をつかむことが可能であった（図 5-3）。実験参加者の第 1 群は，この課題に臨む前にリレーという電気部品を使った作業を行っていた。また第 2 群はスイッチを使った作業をしていた。第 3 群は事前作業がなかった。その後のコード課題場面で，全員の足下に置かれていたのはリレーとスイッチだった。その結果，事前リレー作業群は 10 名全員がスイッチを振り子の重りに使った。スイッチ作業群は 9 名中 7 名がリレーを重りにした。事前作業のなかった群のリレーとスイッチの使用は半々だった。作業に用いた電気部品は重りとして選ばれにくいことが示された。経験により他の機能に気づきにくくなるという，問題解決にとって負の構えが学習者に形成されたことになる。これは機能的固着や機能固定性と呼ばれる。

学習の構えが学習を促進するのに対して，問題解決の構えや機能的固着は逆に解決の妨げになるが，人がある種の構えといえる対処の仕方をとるということを指摘する点では共通である。

学習には学習者の認知的態勢を無視できないというこれらの考えは，その後認知心理学と呼ばれる分野に引き継がれていった。認知心理学では人の認知過程や知識構造という直接観察できないもののモデル化を試みるために，科学の方法論上の議論も起きたが，学習主体という観点に光が当てられたことで，授業づくりにこの発想を取り入れる動きが 1970 年代ごろから盛んになった。

2. 記憶と認知過程

[1] 記　憶

記憶といえば，試験に備えて暗記をしたり，1年前のことを覚えていたりすることなどが思い浮かぶが，物の名前を言えたり，いつも迷わず家に帰れたりするあらゆる知識も記憶にほかならない。またそうした長期に及ぶもののほか，買い物をして財布からお金を取り出すときや，授業中に板書された内容をノートに視線を移して筆記する短い時間にも，記憶は働いている。記憶は，永続的に保持され必要に応じて想起される長期記憶と，意識が向けられている間に用いられ，意識から離れると20秒足らずで消失する短期記憶の大きく2つの機能にわかれていると考えられている。またこの他に，感覚機能ではほんの一瞬の感覚記憶がはたらいている。

短期記憶では，保持できる情報量に限度がある。ミラー（Miller, 1956）はこれを「不思議な数7±2」と報告した。すなわち人が一時的に保持できる情報は，単語なら約7単語，数字なら約7字だという。1つあたりの情報量は異なっても，人にとって意味をもつひとまとまりを単位として7つ分を保持できるのである。この単位をチャンクという。一度にたくさんのことがらを短期記憶で維持するには情報をまとめて1チャンクとできればよいのであり，語呂合わせをして覚えようとするのは，このはたらきを利用することである。

短期記憶においては，視覚的処理と音響的処理が並存すると考えられている。そのため視覚情報と聴覚情報を同時処理しても干渉しないが，たとえば視覚情報同士は干渉して処理が低下するという。

短期記憶の概念については，その後，保持機能と処理機能を合わせて**作業記憶（ワーキングメモリ）**と呼ばれるようになり，現在ではこのワーキングメモリは人の知的活動を支える重要な役割を果たしていると考えられている（2章2節参照）。たとえば，児童用知能検査として知られるWISCの新版では，ワーキングメモリが一つの主要指標として位置づけられた。学習が苦手で教師の指示にも対応しきれない生徒には，ワーキングメモリがうまく機能していない場合があるとも指摘されている（Gathercole & Alloway, 2008）。学校はじめ子どもの生活全般において用いられる機能であることから，ワーキングメモリに困難のある子どもへの育成の試みもあるが，より考慮されるべきなのは，ワーキングメモリの個人差に応じた教育の設計に留意することであろう。

短期記憶で扱われた情報の一部はその後定着し，永続的な記憶として扱われる。これが**長期記憶**である。長期記憶では情報は意味的な処理を受けた編集後の状態として保持されていると考えられている。長期記憶への情報転送を促進する条件としては，リハーサルが有効であるといわれる。リハーサルとは，繰り返すことである。口に出して復唱するようなリハーサル行動もあれば，気づかずに意識下で繰り返していることもある。しかしその後，リハーサルでも長期記憶への情報転送に有効なものとそうでないものがあることがわかった。クレイクとロックハート（Craik & Lockhart, 1972）は長期記憶への情報転送に有効な精緻化リハーサル（elaborative rehearsal）と短期記憶に留め置くだけの維持リハーサル（maintenance rehearsal）とがあると整理した。

記憶されたことがらの想起に，再生と再認がある。再生は，経験したことがらを言葉やその他の手段で再現することである。再認は，経験したことか否かを判断して対処することである。たとえば知人に出会ったときに名前を呼ぶのは再生であり，知らない人だと思って素通りするのは再認の働きである。学習後のテストでいえば，思い出して記述させるのは再生であり，選択肢を用意して選ばせるのは再認ということになる。再認の場合は偶然に正反応が得られる一定の確率があり，これを偶然正反応率（チャンスレベル）という。たとえば○×式のテストであれば，チャンスレベルは50％である。

記憶における重要な問題は，**忘却**という現象である。なぜ忘却が起きるのかについて，いくつかの説明がある。一つは干渉説である。干渉には２つの方向があり，先の記憶が以後の記憶を妨げることを**順向干渉**，後の記憶によって以前の記憶が損なわれることを**逆向干渉**という。このことは一般的な記憶課題における系列位置曲線から考えられてきた。**系列位置曲線**とは，複数の材料を順に提示した記憶課題の後にそれらの再生を求め，各材料の再生成績を提示順に描いたものである。一般には提示初期と終期の成績がよいＵ字形曲線となる。干渉説によれば，中期の材料は順向干渉と逆行干渉の両方にさらされるが，初期と終期の材料はどちらかの干渉しか及ばないので成績がよいということになる。

図 5-4　遅延再生における再生率の系列位置曲線 (Glanzer & Cunitz, 1966)

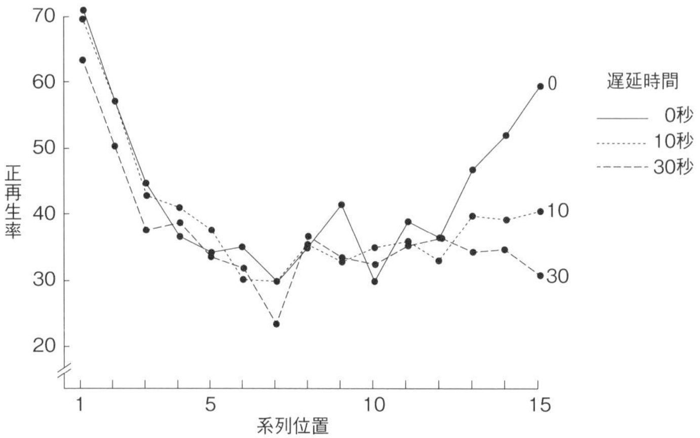

もう一つの説明は，**記憶の2貯蔵モデル**によるものである。これによれば，短期記憶上で十分なリハーサルを受けた情報は長期記憶に確実に転送されるので，系列位置曲線の初期は好成績となる。後になるほど確実な転送がなされず失われる。終期の好成績はまだ短期記憶上にあるものの再生であるとされた。これを示すために，グランザーとキュニッツ（Glanzer & Cunitz, 1966）は記憶課題を用いた実験で，再生させる時間を材料提示直後，10 秒後，30 秒後と変えて再生成績を調べた。その結果図 5-4 のように，遅延再生となるにつれて系列の最後部分のみ再生率が下がった。時間を置くことにより短期記憶上の情報は失われるが，長期記憶に転送された情報はそのまま保持されたことになる。なお 2 貯蔵モデルによれば，いったん長期記憶に転送された情報は失われることはないとされる。忘れたように見えるのは「思い出せない」という検索失敗なのだという。度忘れということを私たちは経験するが，後にふと思い出すことがあるのは，この仮定に合致する。

この他，抑圧による説明もある。人はそのことを想起することで自らに深刻な害を与えるような経験について，想起を抑圧する防衛メカニズムがはたらくというものである。

記憶の働きには，過去の経験に対応する他に，何時になったらあれをしようとか，これこれが起きたらこうしようとか，将来の行動生起に関するものもあり，展望記憶という。展望記憶は，いま何かをするべきだという存在想起と，するべきことは何かという内容想起とからなる。

[2] メタ認知

他人の話を聞いていて，ふと何か変だなと感じたことや，これは忘れそうだとメモを取ったことがあるだろう。一つを選ぶ前に，全部を見ておこうと思いとどまったこともあるだろう。このように，人は自分の理解・記憶の状態や思考の仕方について，自分なりの知識と評価をもち，これらの様子をそのつどモニターし，行動を変えている。これを**メタ認知**（metacognition）という（2章6節参照）。メタ認知の定義は多面に及ぶが，①認知過程についての知識，②認知過程のモニタリング，③認知的活動の調整とに大別されるものの総称（馬場，1998）である。

メタ認知研究初期に行われたメタ記憶に関する実験で，フラベルら（Flavell et al., 1970）は，幼児から小学4年生までの児童に写真を1枚ずつ見せ，覚えるよう教示した。写真は10枚あったが，そのことは伝えず，それらを再生させる前にどのくらい再生できそうかと尋ねた。年少児は「全部」と答える者も含めて予想と実際の差は大きく，年長になるにつれて差はなくなっていった。メタ記憶能力は幼児期から児童期にかけて形成されていくことが示されている。

メタ認知も同様に成長につれ形成される。マークマン（Markman, 1979）は子どもに矛盾した内容を含む文章を提示し，矛盾に気づくかどうかを調べる実験を行った（表5-1）。文章の矛盾には，「深海は光が届かず真っ暗である」とありながら「魚は光を頼りに獲物を見つける」と，明らかに相容れない表現がある矛盾明示条件と，文意から示唆される矛盾暗示条件の2種類が用意された。

表5-1　矛盾に気づいた児童数（Markman, 1977）

教示条件	通常		発見の構え	
文章の矛盾	明示	暗示	明示	暗示
小学3年生	4	0	4	2
小学6年生	5	3	7	7

注）3文章中2つ以上で矛盾に気づいた人数（各8名中）

図 5-5　物語の理解度（田中，1992）

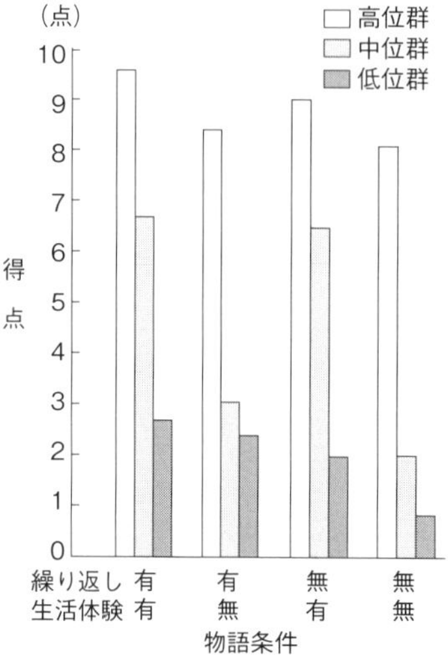

また文章が提示されるだけの通常条件と，変なところがあると教示される「構え」の条件が設けられた。結果は表 5-1 の通りで，小学 3 年生は矛盾の発見が困難で，構えを促されても同様であったが，6 年生は 3 年生に比べて成績がよく，援助があるとほとんどの子どもが矛盾暗示条件でも気づいた。

田中（1992）は，メタ認知能力の水準によって対応できる理解対象に違いがあることを報告した。田中は，知的障害のある MA（知能検査で評価される精神年齢）8 歳から MA 4 歳の子どもを，3 水準のメタ認知能力群にわけた。そして繰り返しのある物語や生活体験のある物語という，メタ認知が機能すると理解に有効と仮定される形式の物語を提示して，その理解度を測定した。その結果，図 5-5 に示されるように，メタ認知中位群においては，生活経験のある物語理解では下位群より高成績だったが，繰り返しのある物語の理解度は下位群と変わらなかった。メタ認知発達の過渡期にある場合，理解を促進する手がかりは限定的であることが示唆される。

メタ認知能力に発達的な変化があり，またメタ認知の機能がさまざまな知的課題遂行に影響するとなると，メタ認知が不十分な人への教授・訓練が可能かということが問題となる。

メタ認知概念提唱者の一人，ブラウンとバークレー（Brown & Barcley, 1976）は，MA 6 歳および 8 歳の学習に遅れの見られる子どもを各 3 群に分け，一連の写真を覚えるよう求めた。その際メタ認知的方略として，第 1 群には写真が 1 枚加わるたびに先頭からすべてを唱える累加的リハーサルを，第 2 群には次の写真を予想するよう訓練した。統制群である第 3 群には単にラベリングを行わせた。その結果，訓練翌日のテストでは年少・年長児とも方略訓練効果が見られたが，方略の使用を促さないその後の検査では，MA 6 歳児は訓練前

図 5-6　転移課題における平均誤反応数（佐藤，1987）

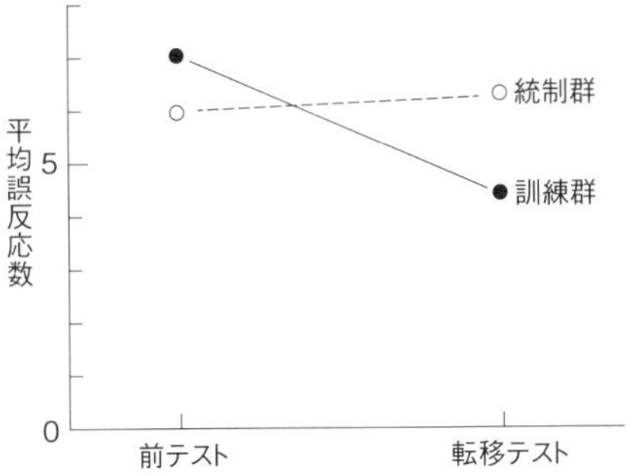

の水準に戻ってしまった。再び方略使用を誘導すると効果があるが，その後また同様の結果となった。このことからブラウンは，遂行を向上させる方略でもそれを経験させただけでは定着せず，維持するための何らかの認知的資質が成長に伴って形成されていることが前提となるとした。

だがこれに対し，メタ認知的方略の教授は可能という報告もある。佐藤（1987）は知的障害児がメタ認知的方略を学習できないのは，前提となる自己調整機能が不十分なためであると考えた。そして知的障害のある MA 6 歳 5 か月の児童を対象に，同じく記憶課題を用いて訓練を行った。訓練では，①「もう一度見てみよう」などの自己確認スキルを含む学習方略を実験者が言語化しながらやってみせ，②次に実験者の援助のもとで子どもに同様の学習行動をさせ，③最後に独力での遂行を求めた。その結果，訓練後の再生成績が向上したことに加えて，転移課題（MFF テスト）において図 5-6 のように誤反応が有意に低下するという結果も得られた。このことから，課題を超えて有効なメタ認知スキル訓練の効果があったとする。ブラウンらの訓練との違いは，実験者がモデルを演じるところから段階的に子どもの独力遂行に移していった手続きにある。口頭で指示される前に他者がやっているところを見るという，教育におけるモデリングの有効性についても示唆を与えている。

メタ認知を積極的に使い能動的に関与する学びは，自己調整学習として追究されている。塚野（2012）によれば，「自己調整学習とは，学習者が，学習過程に，メタ認知，動機づけ，行動に，積極的に関与する学習である（Zimmerman,

1989)」という。環境と子どもとの関わりは相互的であるが，その中で子どもの主体性を重視した考え方である。

[3] 日常における理解

学習といえば教室などでのことと思えるが，生後から始まる生活そのものが学習の場面である。人は生活のなかで多くの知識を得るが，日常経験を通じて自ずと形成された概念は，**素朴概念**と呼ばれる。それは学校教育などで系統的に扱われる知識体系とは異なることもある。旧ソビエトの心理学者ヴィゴツキーが，子どもの個人的な経験のなかで体系性を欠いたまま発達するものを生活的概念といった（中村，2004）のも類似の概念である。自然現象では，太陽は東から「昇る」のも，重い物は軽い物より速く落下することも，素朴概念の例である。社会関係では，違法な契約でも約束ならば守らなければならないと思う人は，成人にも多い。素朴概念の性質について村山（1989）は，①専門家とは異なる知識で，②多くの人に共有され，③容易には変化せず，④科学理論と異なる信念体系をもち，⑤科学史上の旧理論と似ているという考えを紹介している。先の太陽の動きの例でいえば，⑤は古代科学者の理論と同じだということになる。

問題は，素朴概念がしばしば誤概念を含み，教えられても修正が困難なことである。誤概念については，たとえばロスニックとクレメント（Rosnick & Clement, 1980）は，工学部の大学生に教授（P）1人につき学生（S）が6人いるという関係を等式で表させたところ，S＝6Pという正答率は63％であり，誤答の大半は文表現を式に置き直しただけのP＝6Sという逆転等式であったと報告した。さらに誤答の学生に対して，変数の考え方や，図示，類似問題を示すなど各段階の指導プログラムを実施したが，逆転の誤概念を修正しきれなかったという。

3. 教育における学習

[1] 観察学習

学習は，学習者自身が直接に強化されて成立するだけではない。バンデュラ

図 5-7　**観察後の攻撃的行動**（Bandura, 1965）

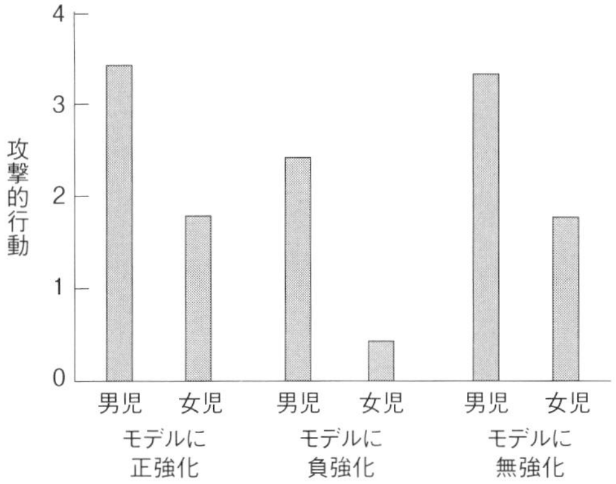

（Bandura, 1965）はモデルを見ることによって学習が成立することを，実験により確認した。実験では，就学前の男女幼児に，モデルの女子大学生が子どもと等身大の人形と遊ぶ映像を見せた。モデルの遊び方は大変に攻撃的で，殴ったり悪態をついたりするものであった。幼児は均質な3群にわけられており，モデルが乱暴な行為をすると賞賛される映像（正強化），逆に制止される映像（負強化），何も言われない映像（無強化）のいずれかが提示された。これを観た後，幼児はその人形で自由に遊んでよいといわれた。その結果，図5-7が示すように，男女差はあるが，正強化条件と無強化条件で幼児の攻撃的行動が多く見られた。このことから，直接の強化を受けなくても，モデルが示されることで学習が成立することがわかった。さらにモデルが強化を受けない条件でも攻撃的行動が生じたことから，観察自体に学習を成立させるモデリング機能があることが示された。

ところで**観察学習**の研究の背景には，1950年代以降普及したテレビの影響への危惧があった。テレビでは暴力的な場面がたびたび放映され，これを観た子どもへの影響があるかどうかが議論されていた。観察学習研究の結果はテレビ視聴の影響を軽視できないということであり，テレビ放映について社会的規制の必要性を打ち出すものとなった。

教育場面において，観察学習は多く用いられている。一人の生徒が褒められたり叱責を受けたりする正・負の強化を受けることが，学級の他の生徒の行動変容にも影響する。これを**代理強化**という。

なお観察学習の現象は，教育における体罰について重要な示唆を与えている。体罰は暴力であるが，教育や子育て場面での体罰事例が後を絶たない。体罰には相手の行動を抑止する強い効力があるためである。だが，体罰を行うことでもう一つの学習が成立する。それは観察により，暴力で相手の行動を抑止するということを獲得するのである。暴力の連鎖とか，虐待の世代間連鎖という仮説があるが，観察学習はその根拠を与える。

[2] 習熟と理解

学習を経て「できる」ことと「わかる」こととは，習熟と理解の問題としてそれぞれ重視されてきた。

習熟の目標には手続きの自動化がある。理屈抜きに物事ができるのは，効率がよい。だが一つの手続きに習熟しても応用性は乏しく，このことが学力の問題として以前から指摘されてきた。

これに対して，理解を伴うルール学習の重要性をスケンプ（Skemp, 1971）は実験結果から述べている。11 歳児を対象とした実験では，一筆書きのできる図形の条件である「奇数本の線が集まる交点が 0 個か 2 個」というルールを，ある子どもにはその理由とともに，他の子どもにはルールだけを与え，いくつかの図形（図 5-8）が一筆書きできるかどうかを尋ねた。その後，次の問題として「起点に戻る一筆書きができる図形かどうか」を理由とともに尋ねた。そ

図 5-8　一筆書き課題の例（Skemp, 1971）

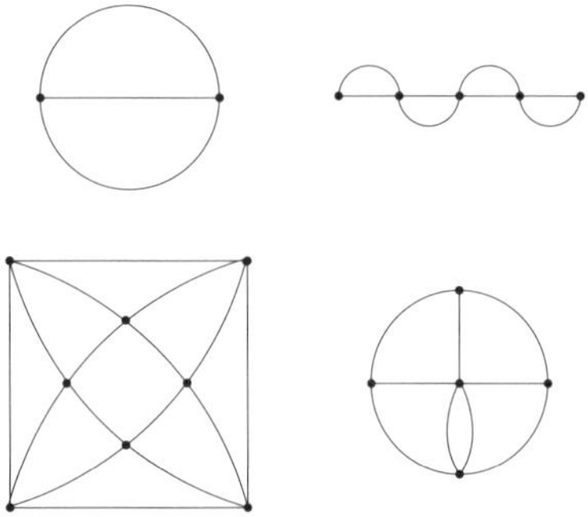

の結果，最初の段階でルールのみを与えられた子ども 10 名のうち後の問題で正答できたのは 3 名だったが，最初の段階で理由も理解できていた子どもは，12 名中 9 名が正答したという。理解が伴う学習の転移可能性を示したものといえる。

今日では理解を伴う学習の重要性は学校教育では認識されるようになってきたが，実社会や受験場面では遂行すなわち「できる」ことがいまでも偏重されているようである。理解を伴う学習を大事にする社会・文化環境の重要性が，学校教育から広がる必要があるだろう。

4. 例題について考えてみよう

本章の記述からわかるように，章の冒頭に挙げた言い方にはどれも問題がある。順に見てみよう。

①覚えられないのはやる気がないからとは限らず，学習の遅れがちな生徒はワーキングメモリやメタ認知がうまく働かないことも考えられる。

②誤答には原因があり，生徒の誤概念や知識の状態を知る格好の材料である。

③○×テストは再認つまり判断を求めるものだが，正しく判断できることが学習目標になるものは多い。ただし選択課題の結果を評価する際にはチャンスレベルに留意を要する。

④褒めることは一般には好ましい強化子として学習を促進する。ただし動機づけに対して複雑な影響をもたらすことには留意しなければならない。

⑤やってみせるのはモデルを提示することであり，観察学習をもたらすことになる。

⑥点検の苦手な生徒は，意欲の問題よりもメタ認知や方略的知識などの認知面に問題があることもある。

⑦公式の暗記だけから応用課題にあたる学習の転移を得ることは難しい。

⑧人を叩けば従わせることができるという，暴力の観察学習が生じてしまうことが，当該生徒のみならず周囲の生徒にも危惧される。

⑨学校での学習経験は失うことなく潜在的には残り続ける。だが後のどういう知識や態度に結びついているのかは，教育目標上の重要な研究課題であ

る。

学習の問題へのアプローチは，動物にもさかのぼる根源的なメカニズムの解明に始まり，学習者の高度な認知構造へと視点を移しながら，誰もが成長する可能性をもつということを追究し続けてきた。私たちの教育の営みに確信を与えるべく展開されているのだといえよう。

発展図書案内

J. ダンロスキー・J. メトカルフェ（著）湯川良三・金城　光・清水寛之（訳）（2010）．メタ認知―基礎と応用　北大路書房

→メタ認知の基礎研究から教育・発達分野に関わる応用研究まで，多くの研究事例に基づいてメタ認知が多角的に説明されている。

日本認知心理学会（編）（2013）．認知心理学ハンドブック　有斐閣

→人の知の働きである知覚，注意，記憶・知識，思考，言語，感情・動機について項目ごとに解説されているだけでなく，その発達や教育，臨床との関わりも述べられている。辞書としても読み物としても詳しく学ぶことができる。

湯澤美紀・河村　暁・湯澤正通（編著）（2013）．ワーキングメモリと特別な支援―一人ひとりの学習のニーズに応える―　北大路書房

→子どものワーキングメモリを考慮した実践のアイディアが展開されている。教室で出会う子どもたちの姿が浮かび，かつワーキングメモリ研究に基礎をもつ，理論も実践のヒントも学べる一冊。

引用文献

馬場久志（1998）．メタ認知の成立と援助　無藤　隆・市川伸一（編著）　学校教育の心理学　学文社　pp. 101-117.

Bandura, A. (1965). Influence of model's reinforcement contingencies on the acquisition of imitative responses. *Vournaol of Personality and Social Psychology, 1* (**6**), 589-595.

Brown, A. L., & Barclay, C. R. (1976). The effects of training specific mnemonics on the metamnemonic efficiency of retarded children. *Child Development, 47*, 71-80.

Craik, F. I. M., & Lockhart, R. S. (1972). Levels of processing : A framework for memory research. *Journal of Verbal Learning and Verbal Behavior, 11*, 671-684.

Flavell, J. H., Friedrichs, A. G., & Hoyt, J. D. (1970). Developmental changes in memorization processes. *Cognitive Psychology, 1*, 324-340.

Gathercole, S. F., & Alloway, T. P. (2008). *Working memory and learning : Practical guide for teachers.* London: Sage.（湯澤正通・湯澤美紀（訳）（2009）．ワーキングメモリと学習指導　北大路書房）

Glanzer, M., & Cunitz, A. R.（1966）. Two storage mechanisms in free recall. *Journal of verbal learning and verbal behavior, 5,* 351-360.

Harlow, H. F.（1949）. The formation of learning sets. *Psychological Review,* **56**, 51-65.

塚野州一（2012）．自己調整学習理論の概観　自己調整学習研究会（編）自己調整学習—理論と実践の新たな展開へ—　北大路書房　pp. 3-29

Köhler, W.（1917）. *Intelligenzprüfungen an Menschenaffen.*（宮　孝一（訳）（1962）．類人猿の智恵試験　岩波書店）

Luchins, A. S.（1942）. Mechanization in problem solving. *Psychological Monographs, 54*（6）.

Markman, E. M.（1979）. Realizing that you don't understand: Elementary school children's awareness of inconsistencies. *Child Development, 50,* 643-655.

Mayer, R. E.（1977）. *Thinking and problem solving: An introduction to human cognition and Learning.* Scott, Foresman.（佐古順彦（訳）（1979）．新思考心理学入門—人間の認知と学習へのてびき　サイエンスライブラリ心理学 10　サイエンス社）

Miller, G. A.（1956）. The magical number seven, plus or minus two. *Psychological Review, 63,* 81-97.

村山　功（1989）．自然科学の理解　鈴木宏昭・鈴木高士・村山　功・杉本　卓　教科理解の認知心理学　新曜社　pp. 99-151.

中村和夫（2004）．ヴィゴーツキー心理学　新読書社

Rosnick, P., & Clement, J.（1980）. Learning without understanding: The effect of tutoring strategies on algebra misconceptions. *Journal of Mathematical Behavior, 3*（1）, 3-27.

佐藤容子（1987）．精神遅滞児におけるメタ認知スキルの転移　特殊教育学研究，*25*（1），1-8.

Skemp, R. R.（1971）. *The psychology of learning mathematics.* 2nd ed. Penguin Books.

Skinner, B. F.（1938）. *The behavior of organisms.* Appleton-Century-Crofts.

田中真理（1992）．精神遅滞児の物語理解におけるメタ認知能力の役割　教育心理学研究，**40**, 185-193.

Thorndike, E. L.（1911）. *Animal intelligence.* New York: Macmillan.

Zimmerman, B. J.（1989）. A social cognitive view of self-regulated academic learning. *Journal of Educational Psychology, 81*（3）, 336-339.

コラム 5　依存症を学習理論で説明してみよう

2022年に発効したWHOのICD-11（国際疾病分類第11版）では，ゲーム障害が初めて定義され，アルコール使用障害やギャンブル障害と同じように依存症として扱われることになった。こうした依存症がどのようにして形成，維持されるのかを学習心理学の観点から考えてみたい。

ある反応をしたときに「報酬」が与えられるとその反応は増加する。これを「強化」（正の強化）という（5章1節参照）。ギャンブル，たとえばパチンコであれば，玉を打って「当たる」ことでパチンコをすることが強化される。アルコールであれば飲んで「気分が良くなる」のでまた飲む，ゲームであれば対戦相手に勝って「達成感が得られる」のでもっとゲームをするといった具合である。

また，これらの行動は「報酬」を与えてくれるだけでなく，「嫌悪刺激」を除去してくれることもある。飲酒やギャンブルによって仕事の「ストレス」が発散されたり，ゲームをすることで「寂しさ」が紛れたりする。その結果，行動が強化される（負の強化）。

ところで，強化の仕方（「強化スケジュール」という）にはいろいろなパターンがある。たとえばギャンブルであれば，「反応して時々勝つ，しかし，いつ勝つかは予測できない」という変動比率スケジュールに該当するが，このスケジュールでは反応すればするほど強化される回数が増える（ただし確率は変わらない）ため，短時間にたくさんの反応が出現しやすいことが多くの実験で確認されている。

しかも一度形成された反応はなかなかなくならない（消去しづらい）。なぜなら，負け続けていても，次の1回の反応で勝てる（強化される）かもしれないからだ。依存症が治りにくいのには，
このようなことも関係しているのかもしれない。

6章
動機づけの理論

例　　題

中学１年生のＤは，教科の勉強に真剣に取り組むことができず，入部したテニス部もすぐにやめてしまった。非行などの問題行動があるわけではないが，授業中はただ時間が過ぎるのを待っている感じで，家でもゲームをする以外はゴロゴロしている。障害などがあるわけではないので，担任の教師はもっと頑張るように励ましているのだが，Ｄの反応は「どうせやったってできない」というもので，実際に真面目に取り組むことはなかった。

Ｄは小学校時代にケガのために一時期入院していたことがあり，その直後から算数の授業についていけなくなってしまっていた。Ｄの親は成績にうるさく，テストで悪い点を取るたびにＤは厳しく叱られた。Ｄは自分なりに努力したのだが理解できず，結局，どうしたらいいのかまったくわからなくなってしまった。そして，いつしか勉強することをやめてしまい，算数以外の教科の成績も下がり，スポーツもやる気がしなくなっていた。

問　　い

・なぜＤは「どうせやったってできない」とあきらめてしまっているのだろうか。

キーワード：内発的動機づけ，自己強化，期待－価値モデル，学習性無力，原因帰属，自己効力

キーパーソン：デシ，アトキンソン，セリグマン，ワイナー，バンデュラ

1. 動機づけとは何か

学習によって獲得された行動であっても，生得的に備わっている行動であっても，ずっと出現し続けるわけではなく，ランダムに出現するわけでもない。ある行動が出現するにはそれなりに理由がある。人や動物を行動に駆り立てている過程を**動機づけ**（motivation）という。もう少し正確にいうと，人や動物の行動を生じさせたり，行動を維持・継続させたり，あるいは行動を終わらせたりする機能が動機づけである。

動機づけは，人や動物の内部から行動を押す力と，外部から行動を引っ張る力からなっている（図 6-1）。たとえば，＜食べる＞という行動は，内部の＜空腹＞に押され，外部の＜食物＞に引っ張られて生じる。この内部から押す力を**動機**（motive）や**欲求**（need），あるいは**動因**（drive）という。一方，外部から引く力は行動の対象であり，**目標**（goal）とか**誘因**（incentive）と呼ばれる。最近ではスポーツ選手などを評する際に，「あの選手はモチベーションが高い」というようにカタカナ語として使われることがある。この場合のモチベーションは＜やる気＞と同じようなニュアンスで用いられるが，正確にはそのプレーによって得られる＜名声＞や＜報酬＞の効果も含むことになる。

動機は**生理的動機**と**社会的動機**にわけることができる。また，1 次的動機と 2 次的動機にわけることもできる。生理的動機は生物学的な基礎をもつもので，飢えや渇きのように個体保存のために必要な動機や，性動機のように種の保存のために必要な動機のことである。社会的動機は社会的文脈，つまり他者との関係において生じるもので，代表的なものとしては達成動機，親和動機，承認動機などがある。1 次的動機とは生得的・無条件的な動機のことであり，生理

図 6-1　動機づけの構成

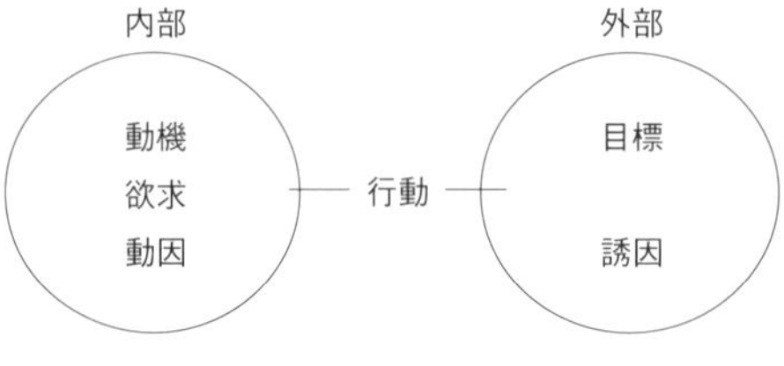

的動機はこれに該当する。2次的動機は，1次的動機を基礎として条件づけられた動機であり，学習性動機・派生的動機である。たとえば，金銭欲はほとんどの人がもっている欲求であるが，生まれながらのものではない。成長していく過程で，金銭が食べ物などいろいろなものといつでも交換可能であるということを学習した結果，紙や金属としての価値があるわけではないのに，金銭を欲しがるようになるのである。また，社会的動機もその多くは2次的動機と考えることができる。

目標は動機に対応して報酬的に機能するものを指す。＜渇動機＞に対する＜水＞，＜達成動機＞に対する＜成功＞，＜承認動機＞に対する＜名声＞などである。最近では経済用語としてカタカナ語のインセンティブ（誘因）が使われることがある。たとえば太陽光で発電した電力を高い値段で買い取るという政策を行う場合，それは一種の補助金を与えることであり，事業者の＜獲得動機＝利益を上げたい＞に対して報酬的に機能する誘因となる。その結果，再生可能エネルギーの利用という＜行動＞の促進が期待できるのである。

2. 外発的動機づけと内発的動機づけ

[1] 外発的動機づけ

志望校合格を目指して受験勉強をする。小遣いを得るためにアルバイトをする。友人関係を壊したくないので同調行動をとる。このように目標が外部に明確に存在し，それによって行動が生じている場合を**外発的動機づけ**（extrinsic motivation）という。自分では意識していなくても，実は外部から何らかの報酬が得られていて，行動が維持されているようなこともある。

[2] 内発的動機づけ

これに対して，外的な目標・誘因が存在せず，行動それ自体が報酬となっているような場合もある。これを**内発的動機づけ**（intrinsic motivation）という。たとえば，夢中になって絵本を読んでいる子どもは，親から褒められたいとかお小遣いが欲しいといった理由でそうしているわけではないであろう。このような行動は，結果として国語力が向上するとか，「えらいね」と褒められたりするといった効用があるかもしれないが，はじめからそれを期待しているのではない。純粋にその行為自体が楽しいからするのである。

内発的動機づけに関係の深い動機としては，感性動機，好機動機，操作動機，認知動機がある（Murray, 1964）。感性動機とは，何らかの刺激やその変化を求める動機のことである。人間はあまりにも刺激が多い環境にいるとストレスを感じるが，刺激が極端に少ない状態にも長くは耐えられず，刺激を求めるようになる。この感性動機の存在は，実験参加者の視覚や聴覚，触覚などを制限する感覚遮断実験などで明らかになっている。好奇動機は新奇なものを求める動機である。私たちがいろいろなところを旅行したり，特に目的があるわけでもないのにインターネット上のページを閲覧したりするのもこの好奇動機が関わっていると考えられる。操作動機は何かを“する”ことを求める活動性の動機である。子どもが積み木で遊んだり，オモチャを分解したりするのもこの動機が関わっていると考えられる。認知動機は認知機能を使用し思考する快を求める動機である。マンガのキャラクターを全部覚えたり，クロスワードパズルを解いたりするのは，それ自体が面白いからであって，何らかの報酬を期待しているからではないはずである。

[3] アンダーマイニング現象

ところで，内発的に動機づけられていて，外的な報酬なしでも行動が生じているところに，金銭などの外的報酬が与えられるとどうなるであろうか。デシ（Deci, 1971）は，そのような事態においては内発的動機づけが低下してしまうことを，大学生を対象とした実験で示した。実験は3セッションからなっており，第1セッションでは報酬なしでパズル課題を解かせた。第2セッションでは実験参加者を2群にわけ，統制群の学生には引き続き報酬なしでパズルを解かせ，実験群の学生にはパズルを解いたら報酬を与えると告げた。さらに第3セッションでは再び両群とも報酬なしの条件でパズルを解かせた。それぞれのセッションの途中で実験者は一時的に席を外し，実験参加者にはその間は何をやっていてもよいと告げた。しかし実際はその自由時間の行動は観察されていて，この間にパズル解きに費やされた時間が内発的動機づけの指標として用いられた。その結果，統制群では3セッションを通じてパズル解きに費やした時間がほとんど変化しなかったのに対し，実験群の参加者がパズル解きに費やした時間は，第2セッションでは増加したが，第3セッションでは第1セッションよりもかえって減少してしまった（図6-2）。このように金銭などの外的な報酬の提供が内発的動機づけを低下させるという現象を**アンダーマイニング（undermining）現象（効果）**という。

レッパーら（Lepper et al., 1973）は，この現象が幼児にも見られることを示している。絵を描くことが好きな幼稚園児を3群にわけ，第1群には絵が上手に描けたら賞状をあげると約束し，実際に賞状を与え（報酬期待群），第2群には賞状をあげるとの約束はしなかったが絵を描き終えたときに賞状を与え（報酬無期待群），第3群には賞状をあげる約束をせず，実際に賞状も与えなかった（無報酬群）。このような経験をした園児たちが1～2週間後の自由時間に，自発的にどのくらい絵を描くかを測定した。その結果，報酬無期待群と無報酬群の園児は実験前と同じ程度絵を描いていたのに対し，報酬期待群の園児は絵を描く時間の割合が大幅に低下した。賞状という報酬にもアンダーマイニング効果があることが明らかになったのだが，さらにいえば報酬そのものよりも報酬を期待することがアンダーマイニング効果を生じさせることが示唆されたのである。そうすると期待されない報酬，たとえば賞賛のような言語的報酬ではアンダーマイニング効果は起こらないことが予想されるが，実際，賞賛には，むしろ内発的動機づけを高める効果（**エンハンシング効果**）が認められて

図6-2　アンダーマイニング現象を示す実験結果（Deci, 1971より作成）

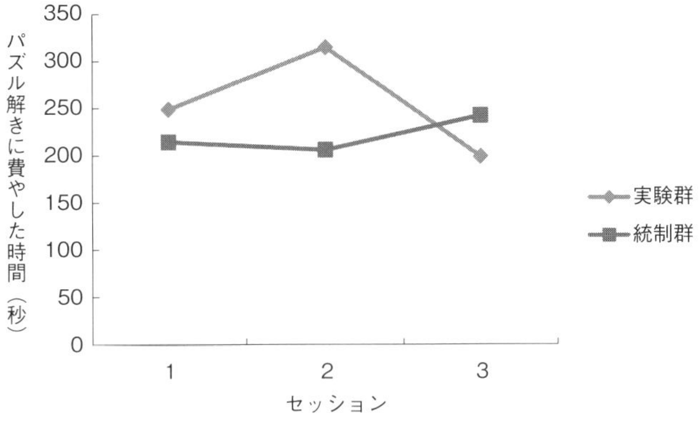

いるのである。

ではアンダーマイニング効果やエンハンシング効果はどうして生じるのであろうか。代表的な理論である認知的評価理論（Deci & Ryan, 1985）では次のように説明される。報酬には制御的側面，情報的側面，そして非動機づけ的側面がある。報酬の制御的側面とは，それを与える，あるいは与えないことによって相手の行動を制御しようとする側面のことである。自分が制御されていると知覚すると自己決定感が低下し，内発的動機づけも低下する。金銭的報酬などは制御的に働くので，アンダーマイニング効果が生じるのである。報酬の情報的側面とは，それを与えることが有能さなどの情報をもたらすという側面である。自分が有能であるといった情報を受け取れば内発的動機づけは高まる。賞賛などの言語的報酬は情報的に働くので，エンハンシング効果が生じるのである。非動機づけ的側面は後述する学習性無力に近い概念で，無能感を高め，内発的動機づけを弱め，無気力状態をもたらす側面である。

[4] 外発的動機づけから内発的動機づけへの調整段階

アンダーマイニング現象のように，もともとは内発的に動機づけられていた行動が外発的に動機づけられた行動に変化することがあるが，逆に，はじめは外発的に動機づけられていた行動がだんだんと内発的に動機づけられるようになることもある。その変化の過程はいくつかの段階からなる。最初は典型的な外発的動機づけであり，「お小遣いのために」あるいは「親から叱られるのを避けるために」嫌々ながらも勉強するというように外的な報酬や罰に制御された状態である。次の段階は，完全に外的に制御されているわけではなく，表面的には自らやっているように見えるものの，「しなくてはいけない」といった義務感が伴っている状態である。「不安だから」「恥をかきたくないから」勉強しておこうというのはこの段階である。次の段階は，「自分にとって重要だから」「将来必要だから」勉強しようというように，すぐに報酬が得られるわけではなくても目的を遂行するために行動しようとする段階である。そして最後は，「興味があるから」「おもしろいから」勉強するというように完全に内発的に動機づけられて行動する段階である。

3. 自己強化

外発的動機づけにおける目標・誘因は，一般的には他者から与えられる（外的強化）。親からもらう小遣いも，先生からの賞賛も，大学で取得する単位も皆そうである。しかし，場合によっては自分で自分に報酬を与えることによって動機づけを高め，行動を強化することも可能である。これを**自己強化**という。自分で目標を設定し，それをクリアできたら美味しいものを食べようとか，ブランド品を買おうとか，そのようにして自らを動機づけた経験がある人も多いのではないだろうか。

自己強化の効果は，外的強化より優れているとまではいえないが，外的強化と同様に課題を遂行させる機能をもっている。ただ，自己強化はすべての人に同じように機能するわけではなく，個人の発達段階や認知過程とも関係している。スウィツキーとヘイウッド（Switzky & Haywood, 1974）は，子どもの動機づけ指向性（内発的動機づけ指向か外発的動機づけ指向か）と，自己強化および外的強化の相対的効果を検討している。小学生を対象に車輪を回転させることを課題とし，トークン（代用貨幣）を報酬として，自己強化群，外的強化群，誘因統制群（自分の反応と関係なくトークンが得られる），トークンなし群の4群を設定した。その結果，内発的動機づけ指向の子どもは自己強化条件で，外発的動機づけ指向の子どもは外的強化条件でより多く課題を遂行すると

図 6-3　動機づけの指向性と強化条件の関係（Switzky & Haywood, 1974）

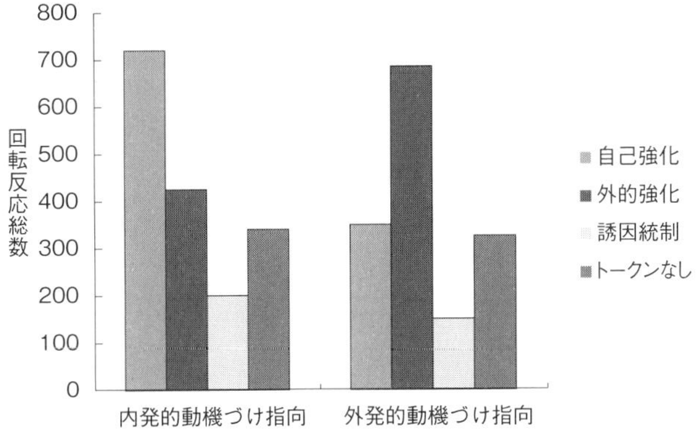

いう交互作用が見られたのである（図 6-3）。

4. 達成動機と達成行動

［1］達成動機

高い目標を立ててそれをやり遂げたい，自己に打ち克ち，また競争場面においては他者に勝りたい，という動機を**達成動機**（**achievement motive**）という。達成動機の高い人は，適度の困難さの課題を好む，自分の遂行結果を知りたがる，精力的に仕事をする，同僚としては親しい人よりも有能な人を選ぶ，といった特性をもっている。また，ワイナー（Weiner, 1980）によれば，達成動機の高い人は成功の原因を能力や努力に，失敗の原因を努力不足に帰属するのに対して，達成動機の低い人は成功・失敗と努力の量は関係ないと考え，失敗を能力の欠如に帰属するという（帰属については p. 97 参照）。

達成動機の形成には，幼児期の親の養育態度が関係していると考えられている。「……してはいけない」という制限的なしつけをするよりも「……しなさい」という要求的なしつけをした方が，子どもの達成動機が高まるとされる。また，達成動機の高い子どもの親は，子どもが課題に積極的に取り組むように温かい励ましを与えているという。しかし，子どもの能力を超えるような要求をすることや，何でも褒めてしまうことは，達成動機の形成にはかえって逆効果だという指摘もある。

［2］期待－価値モデル

アトキンソン（Atkinson, 1964）は，達成傾向は成功志向傾向と失敗回避傾向の差によって決まると考えた（*達成傾向＝成功志向傾向－失敗回避傾向*：表 6-1 式①）。そして成功志向傾向を，達成動機の強さと成功できそうだという主観的確率（期待），および成功することによって生じる喜びや満足という成功の誘因（価値）の積と考えた（*成功志向傾向＝達成動機×期待×価値*：表 6-1 式②）。ここで，一般的には簡単にできてしまうこと（成功の確率が高いこと）に成功しても喜びはそれほど大きくないが，困難なこと（成功の確率が低いこと）に成功すれば喜びは大きいという相補関係があると考えられる

表 6-1　アトキンソンの期待－価値モデルの計算式

$Ta = Ts - Taf$ ……①

$Ts = Ms \times Ps \times Is$ ……②

$Is = 1 - Ps$ ……③

$= Ms \times Ps \times (1 - Ps)$

$Taf = Maf \times Pf \times If$ ……④

$If = 1 - Pf$ ……⑤

$= Maf \times Pf \times (1 - Pf)$

$Pf = 1 - Ps$ ……⑥

$= Maf \times Ps \times (1 - Ps)$

$Ta = (Ms - Maf) \times Ps \times (1 - Ps)$

$= (Ms - Maf) \times Ps \times Is$ ……⑦

Ta：達成傾向
Ts：成功志向傾向
Taf：失敗回避傾向
Ms：達成動機の強さ
Ps：成功の主観的確率（＝期待）
Is：成功の誘因（＝価値）
Maf：失敗回避動機
Pf：失敗の主観的確率
If：失敗の誘因

表 6-2　期待，価値と成功志向傾向の関係

期待（Ps）	価値（$Is = 1 - Ps$）	成功志向傾向（$Ms = 1$ の場合）
0.1	0.9	0.09
0.3	0.7	0.21
0.5	0.5	0.25
0.8	0.2	0.16
0.9	0.1	0.09

（*価値＝1－期待*：表 6-1 式③）。具体的な期待と価値の値を代入したときの成功志向傾向の強さを表 6-2 に示す。これでわかるように，期待（および価値）が 0.5 のときに成功志向傾向が最も高くなる。つまり，容易にできてしまう場合よりも，できるかできないかが五分五分のときに最も頑張ることが予想されるのである。

一方，失敗回避傾向も，失敗を避けようとする失敗回避動機と失敗の主観的確率および失敗したときの恥や不快という失敗の誘因の積と考えられる（表 6-1 式④）。ここで失敗の主観的確率と失敗の誘因も相補関係にあると仮定される（表 6-1 式⑤）。なお，失敗回避動機は学校のテストを受けるときに生じるテスト不安などの不安傾向の強さと考えることができる。

また，成功の主観的確率と失敗の主観的確率も相補関係にある（表 6-1 式⑥）。以上より，*達成傾向＝（達成動機－失敗回避動機）×期待×価値*となる（表 6-1 式⑦）。そうすると，達成動機が失敗回避動機よりも強い場合には，期待（および価値）が 0.5 のときに達成行動が出現しやすいことになる。逆に，失敗回避動機が達成動機よりも強い場合には，期待（および価値）が0.5のときに達成行動が最も出現しにくくなると考えられる。

5. 学習性無力

セリグマンとメイヤー（Seligman & Maier, 1967）は，イヌを被験体として次のような実験を行っている。まず第1段階では，イヌを動けないように固定して電気ショックを繰り返し与えた（図6-4）。このとき，逃避可能群のイヌは頭を動かせばショックを止めることができたが，逃避不可能群のイヌはどんなことをしてもショックを止めることができなかった。次に第2段階では，電気ショックが来ても隣の部屋に跳び移れば逃れられるシャトルボックスと呼ばれる装置に両群を置いた。すると，逃避可能群は跳び移ることを容易に学習したが，逃避不可能群はいつまでたっても跳び移ろうとせず，ただじっとショックを受け続けた。第1段階で受けたショックの量（時間）は両群とも等しくなるように調整されていたので，逃避不可能群だけがショックに慣れてしまったというわけではない。両群の違いは，状況を自分でコントロールできたかどうかという点にある。ショックを繰り返し受けても，それを自分で止めることができたイヌは，その後の学習に支障はなかったが，どうやっても自分の力ではショックを止められなかったイヌは，その後の逃避学習が著しく阻害されたのである。このような現象は，「何をしてもだめなんだ」という「あきらめ」「無

図6-4　学習性無力の実験（Maier et al., 1969）

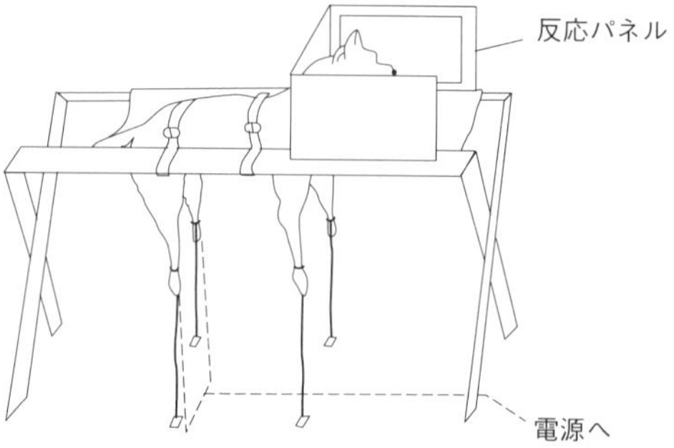

力感」「絶望感」が最初の段階で学習されてしまい，その後の簡単な課題に取り組もうという動機づけを失わせてしまったと解釈できることから，**学習性無力**（**学習性絶望**；**learned helplessness**）と呼ばれる。

この現象は人においても見られる。ヒロトとセリグマン（Hiroto & Seligman, 1975）は，まず実験参加者に道具的課題か認知的課題のいずれかを課した。このとき，道具的課題ではボタンを押せば不快音を停止できる逃避可能群とボタンを押しても不快音を停止できない逃避不可能群にわけられ，認知課題では概念識別に対して正しいフィードバックが与えられる解決可能群とデタラメなフィードバックが与えられる解決不可能群にわけられていた。これらの先行処置課題の後，人間用シャトルボックスでの不快音逃避回避という道具的課題か，アルファベットを並べ替えて意味のある単語を作るという認知的課題のいずれかを課した。その結果，いずれの課題条件においても，逃避不可能群は逃避可能群と比べて，また解決不可能群は解決可能群と比べて遂行成績が劣っていた。このことから，学習性無力の現象は課題の組み合わせにかかわらず，かなり一般性をもって生じるものであることがわかった。また，認知課題のみでも学習性無力が生じたことから，この現象が認知的メカニズムに基づいていることが推測された。

6. 原因帰属

ところで，同じようなコントロール不可能事態を経験しても，その後の無力感には個人差がある。これには，コントロール不可能な事態に対する原因の帰属の仕方が関係している。帰属とは，人々が自分を取りまく世界で起きる出来事の原因を推測していく過程のことである。一般的に原因として考慮されるのは個人の要因と環境の要因であり，原因を個人の内部に求めるのを**内的帰属**，外部の環境に求めるのを**外的帰属**という。たとえば，ある生徒が試験に失敗してしまった場合に，その生徒の勉強不足が原因と考えるのは内的帰属であり，試験問題が難しすぎたのが原因と考えるのは外的帰属である。

この内的－外的という次元に加えて，ワイナー（Weiner, 1979）は安定 - 不安定，統制可能－統制不可能という２つの次元を導入し，３次元８要因として

表 6-3　帰属要因の分類（Weiner, 1979）

	統制可能		統制不可能	
	安　定	不安定	安　定	不安定
内的	ふだんの努力	一時的な努力	能　力	気　分
外的	教師の偏見	他者の日常的ではない援助	課題の困難さ	運

いる。テスト場面における各要因の例としては表 6-3 のようなものが挙げられる。動機づけとの関連で見ると，たとえば，良い成績の原因をふだんの努力に帰属すると，努力していれば次も良い成績をとれるはずだから頑張ろうという気持ちになるだろうが，運に帰属すると，たまたま良かっただけで次はどうなるかわからないとして動機づけは必ずしも高まらないであろう。また，悪い成績の原因を能力に帰属すると，どうせだめなんだと思うことで動機づけが低下し，勉強しなくなってしまう。その結果，実際に成績が悪くなり，それをまた自分の能力のなさに帰属してしまうという悪循環に陥る危険性がある。

7. 自己効力

毎日コツコツと勉強（行動）すれば成績が上がる（結果）のはわかっているのだけれど，自分がその行動を続けることはできそうもない，と感じている子どもは多い。禁煙（行動）した方が健康に良い（結果）のはその通りだけれど，どうせ自分は挫折してしまうだろう，と思っている大人も多い。

バンデュラ（Bandura, 1977）は，行動がどのような結果を生じさせるのかという予期を**結果期待**，そのために必要な行動をどの程度うまくできるかという予期を**効力期待**と呼んでいる（図 6-5）。そして自身によって知覚された効力期待を**自己効力（セルフ・エフィカシー）**としている。上記の例は，いずれも

図 6-5　効力期待と結果期待の違い（Bandura, 1977）

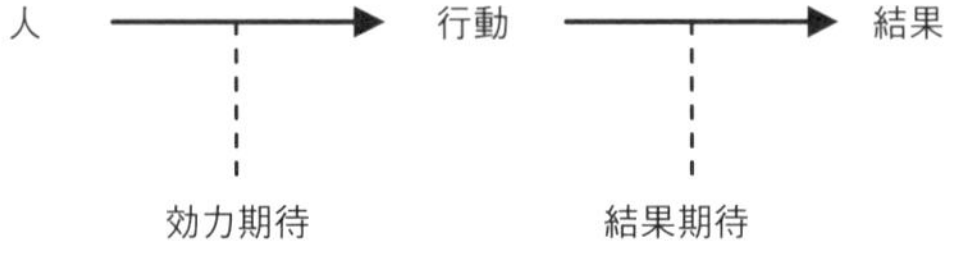

自己効力が弱いということになる。

自己効力の高低は動機づけに大きく影響すると考えられる。勉強すれば良い成績が取れることを確信できて（結果期待が高くて），その勉強を自分はまちがいなく続けることができると確信していれば（効力期待が高ければ），自信をもって積極的に行動することができる。しかし，結果期待が高くても，毎日コツコツ勉強するなんて自分には無理だと考えれば（効力期待が低ければ），失望や落胆，劣等感などを感じ，自己を卑下することになってしまう。

自己効力は，遂行行動の達成，代理的経験，言語的説得，情動的喚起という4つの情報源を通じて，個人が自ら作り出していくものである。遂行行動の達成とは自分で実際に行動してみることであり，成功すれば「次もまたできるだろう」と感じて自己効力は上昇し，失敗すれば低下する。自己効力の形成・変容に最も強く影響する情報である。代理的経験とは他人の行動を観察することである。他者が成功するのを見れば「自分にもできそうだ」と感じるが，失敗するのを見ると自信を失ったりする。言語的説得とは自己強化や他者からの説得的な暗示である。「お前ならできる」などと日常的に最も頻繁に用いられるが，現実場面の困難に直面すると効果は簡単に消失してしまうため，一時的，補助的なものである。情動的喚起とは生理的な反応の変化を体験することである。自信をもって試験に臨んでいたのに，思いがけず胸がドキドキしているのを感じたりすると，急に「失敗してしまうのではないか」と思い始めてしまったりする。逆に，自分の情動状態が落ち着いていると感じると，「これなら大丈夫だ」と自己効力が上昇することがある。

8. 例題について考えてみよう

例題の中学生は，小学生時代のつまずきが原因で，勉強だけでなく日常の活動全般に無気力になっている状態である。入院などで一時的に勉強が遅れることは珍しくはない。そのときに適切な補習を受け，早い段階で遅れを取り戻せていれば問題は生じなかったであろう。しかし，この生徒の場合は，どう対処したらいいのかを教えられないまま放置され，それでも懸命に努力したのだがうまくいかず，叱られ続ける結果になった。これはセリグマンとメイヤーが行った実験の逃避不可能群のイヌと同じ状況であり，「何をしてもだめなんだ」という「あきらめ」を学習してしまった，つまり学習性無力の状態に陥っている，と解釈できる。そのために勉強以外の簡単なことであっても，「どうせやったってできない」と思って行動を起こさないのである。

この無力状態を克服させるためには，まず何をすればどのような結果が得られるのかを丁寧に説明し，また，実際にそのように行動すれば確かに結果が得られるという経験をさせることで，状況を自分でコントロールすることができるということを再学習させる必要がある。その際，最初から難しい行動をさせるのは無理であるから，簡単な行動から始めて，それができたら即座に賞賛するなどして行動を強化し，徐々に難しい行動へと移行していく（スモールステップの原理，7章1節参照）ことが必要である。

発展図書案内

櫻井茂男（2009）．自ら学ぶ意欲の心理学─キャリア発達の視点を加えて─　有斐閣

→近年の動機づけ理論の紹介だけでなく，内発的動機づけと自己実現への動機を一緒にした「自ら学ぶ意欲」という新しい概念を提示している。またそれを教育現場に応用した研究成果も紹介されている。

今田純雄・北口勝也（編）（2015）．動機づけと情動（現代心理学シリーズ4）　培風館

→動物を使った基礎研究も含め，動機づけと情動についてオーソドックスに整理されている。さらにダイエット，運動，飲酒といった日常行動の分析，動機づけと情動に関連する病理と臨床，神経生理的基礎などについても説明されており，動機づけと情動に関して多様な観点から学ぶことができる。

Brophy, J.（2004）. *Motivating students to learn*（2nd ed.）. New York : Lawrence Erlbaum Association.（中谷素之（監訳）（2011）．やる気をひきだす教師─学習動機づけの心理学─　金子書房）

→学力や意欲に課題のある生徒にどう対応するか，学級経営や集団づくりに動機づけをどう応用するかなど，動機づけの原理を実際の教室に適用する方法が述べられている。現職の教師を主な読者と想定しているが，これから教師を目指す学生にも役立つ内容である。

引用文献

Atkinson, J. W. (1964). *An introduction to motivation*. New Jersey : Van Nostrand.

Bandura, A. (1977). Self-efficacy : Toward a unifying theory of behavioral change. *Psychological Review*, *84*, 191-215.

Deci, E. L. (1971). Effects of externally mediated rewards on intrinsic motivation. *Journal of Personality and Social Psychology*, *18*, 105-115.

Deci, E. L., & Ryan, R. M. (1985). *Intrinsic motivation and self-determination in human behavior*. Plenum.

Hiroto, D. S., & Seligman, M. E. P. (1975). Generality of learned helplessness in man. *Journal of Personality and Social Psychology*, *31*, 311-327.

Lepper, M. R., Greene, D., & Nisbett, R. E. (1973). Undermining children's intrinsic interest with extrinsic rewards : A test of the overjustification hypothesis. *Journal of Personality and Social Psychology*, *28*, 129-137.

Maier, S. F., Seligman, M. E. P., & Solomon, R. L. (1969). Pavlovian fear conditioning and learned helplessness. In B. A. Campbell, & R. M. Church (Eds.), *Punishment and aversive behavior*. New York : Appleton-Century-Crofts. pp.299-343.

Murray, E. J. (1964). *Motivation and emotion*. Englewood Clifts, NJ : Prentice-Hall. （八木　冕（訳）　動機と情緒　岩波書店）

Seligman, M. E. P., & Maier, S. F. (1967). Failure to escape traumatic shock. *Journal of Experimental Psychology*, *74*, 1-9.

Switzky, H. N., & Haywood, H. C. (1974). Motivational orientation and the relative efficacy of self-monitored and externally imposed reinforcement systems in children. *Journal of Personality and Social Psychology*, *30*, 360-366.

Weiner, B. (1979). A theory of motivation for some classroom experiences. *Journal of Educational Psychology*, *71*, 3-25.

Weiner, B. (1980). *Human motivation*. Holt, Reinhart and Winston. （林　保・宮本美沙子（監訳）(1989)．ヒューマン・モチベーション：動機づけの心理学　金子書房）

コラム 6　子どものうつ病と無気力

元気，活発，楽しい。大人はそんな子どものイメージを見直す必要があるかもしれない。実は児童期，思春期のうつ病有病率は概ね成人のそれと大差ない。80人の小中学生がいれば1人，2人くらいは診断基準を満たす子どもがいる。

また，診断基準に達しなくても学業や対人関係に消極的になるなど，深刻な無気力状態に陥ることが多い。うつ病の問題は，量的にも質的にも大人も子どもも同じだと考えて良いだろう。

うつ病は悲しさや絶望感，低自尊心，などで苦しむが，子ども自らは助けを求めにくい。大人が気づかないうちに自殺に至る場合もある。背景にはいじめなどの問題があることが多い。いじめの認知をめぐってはさまざまな大人の事情も散見されるが，子どもを救う姿勢が重要である。

一方で，子どものうつ病はケアを受ければ発症から1―2年で大半が回復する。周りの大人は子どもの苦しさをキャッチしたい。主な兆候としては口を利かない，部屋にこもる，成績が下がる，勉強をしない，表情が暗い，イライラ，ヒステリック，落ち着きがない，などがある。また，生きることへの疑念や希望のなさを，いなくなりたい，（自分がいると）迷惑がかかる，人に会いたくない，朝から涙が出る，何か重大な病気にかかっていてもう手遅れだ，（家の）お金がなくなった，（自分が）家のお金をなくさせている，などのかたちで表現することもある。

うつ病は自分自身の社会的意義（自分はこの世に居て良いのか）に強い疑念をもたされる状況で，脳が変調をきたして悲しい気分が制御できなくなった状態である。予防や回復支援には，自分は周囲から歓迎されていないという被拒絶感を感じさせないこと，周囲から大切にされているという被受容感を豊かに実感させ続けることが重要である。教員のメンタルヘルスリテラシーの効果についてのエビデンスもある。大人がケアの意識をもつことが，うつ病の予防になるといえる。

7章
学習指導

例　題

突然だが，「よい授業」とはどのような授業だろうか。これは教職を志す学生だけでなく教員や研究者にとっても永遠のテーマではないだろうか。この本を読んでいる皆さんの多くが大学生だと思う。小，中，高校生，そして大学生である現在も日々授業を受けている。塾や予備校でも授業を受けたという方も多いだろう。思い返せば，実にたくさんの先生方から，さまざまな授業を受けてきたのではないだろうか。本章では，「学習指導」について学ぶが，実は皆さんはすでにたくさんの授業を経験しているのである。そこで，最初に，皆さんが受けてきた授業を思い出して，「わかりやすいな」「楽しいな」「好きだな」「やる気が出るな」等と感じた授業はどのような授業だったか思い出してみてほしい。思い浮かべた人は，その授業がなぜ「よい授業」だと感じたのか，理由を考えてみよう。授業はどのように進められて，どのような工夫がされていただろうか。最後に，自分が教育実習に行ったらどのような授業を行いたいと思うか，イメージしてみてほしい。

問　い

・あなたにとって「よい授業」とはどのような授業か。
・なぜその授業が「よい授業」だと思うのか。
・あなたが教育実習に行ったら，どのような授業を行いたいと思うか。

キーワード：プログラム学習，発見学習，有意味受容学習，バズ学習，ATI（適性処遇交互作用）
キーパーソン：スキナー，ブルーナー，オースベル，クロンバック

1. 代表的な学習指導法

[1] プログラム学習

スキナー（Skinner, B. F.）はオペラント条件づけ（5章1節参照）に基づく学習研究の成果を教育へ応用し，**プログラム学習**を考案した。スキナーがプログラム学習の必要性に気づいたきっかけは，娘の授業参観であったといわれている。学級にはさまざまな学力の児童生徒が存在するため，伝統的な一斉授業では，教師は平均的な学力レベルの子どもをターゲットにして授業をしていることが多い。しかし，授業が難しすぎると感じてついていけなかったり，反対に易しすぎて退屈してしまったりしている児童生徒がおり，多くの児童生徒にとって，自分の学力と授業のレベルが合っていないということに気づいたのである。そこで，スキナーは伝統的な一斉指導の問題点を解決する方法として，学習者に学習プログラムを提示し，個別学習によって目標へと到達させるプログラム学習を考案した。

プログラム学習の背景には**シェイピング**（5章1節参照）と呼ばれる行動形成技法の考え方がある。たとえば，水族館のイルカにジャンプをして2回ひねりをするという技を訓練するときに，いきなり目標行動を訓練しようとしても難しい。そこで，目標行動までの過程を細分化して，小さくジャンプをしたら強化，大きくジャンプしたら強化，ジャンプして体を少しでもひねったら強化といった具合に階段を1つずつ上っていくようなイメージで訓練していく。このように行動を徐々に作り上げていく技法がシェイピングである。プログラム学習でも同様に，到達すべき教育目標に即して学習内容を細分化し，少しずつ難易度を上げながらそれらを配列する。そして，学習者が個々のステップごとに質問に答えると，即座に正誤がフィードバックされるようになっている。

スキナーは，プログラム学習の基本原理として，**積極的反応の原理**，**スモールステップの原理**，**即時確認（フィードバック）の原理**，**自己ペースの原理**の4つを挙げている（表7-1）。学習者はこの4つの原理に基づいて，同一の学習内容を個々人のペースで学習することになる。つまり，学習能力の個人差を所要時間の差によって吸収することを目指したのである。スキナーはプログラム学習の考え方だけでなく，プログラム学習を実施するためのティーチングマシ

表7-1　プログラム学習の4つの原理

スモールステップの原理	誤答を少なくするために，学習内容をできるだけ細かく分割し，誰でも容易に，着実に目標に到達できるようにする。
積極的反応の原理	頭で理解するだけでなく，各ステップの問題に積極的に反応（解答）させる。
即時確認（フィードバック）の原理	各ステップの問題に答えると，ただちにその正誤を知らせる。
自己ペースの原理	個人差に応じて，最適のペースで学習を進める。

図7-1　直線型と枝分かれ型のプログラムの図式（De Montmollin, 1971 山内・大村訳 1974を一部改変）

直線型（スキナー型）プログラム

枝分かれ型（クラウダー型）プログラム

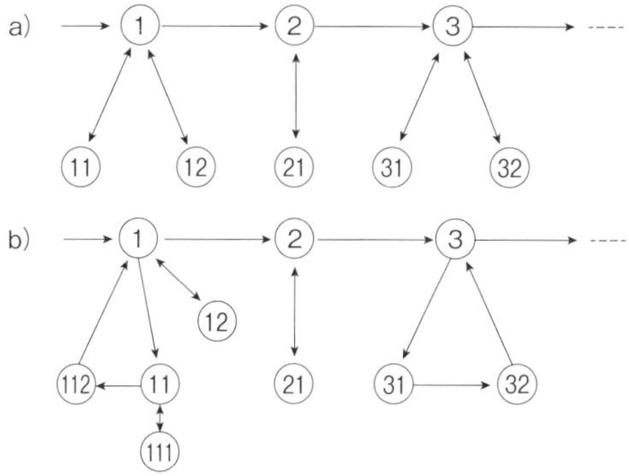

数字はプログラムの要素（フレーム）を示す。

a）は比較的簡単なプログラムであり，下位プログラム（11，12，21，31，32）で誤りの原因を説明したのちに本線のプログラムに戻る。

b）はより複雑なプログラムであり，下位プログラムからさらに誤りを修正するような別のプログラムを経たのちに本線のプログラムに戻る。

ンも考案している。

スキナーが考案したプログラムはプログラムが一通りだけ準備される「直線型」（スキナー型）であったが，後にクラウダー（Crowder, N. A.）によって学習者の誤答パターンに応じてプログラムが枝分かれする「枝分かれ型」（クラウダー型）も考案された。直線型は空欄に学習者が自分で解答を書き入れる自由反応形式であるが，枝分かれ型は多肢選択形式となっており，選んだ選択肢に応じて誤りを修正するような下位プログラムに分岐するようになっている(図7-1)。スキナーの提唱したプログラム学習は，学習指導の目標を明確化して，それに至る手順を特定化することによって，教育の科学化，技術化に大きく貢献した。

[2] 発見学習

一般的に授業といえば，教師が学習内容を直接教え，学習者は受け身で学ぶという光景が思い浮かびやすいのではないだろうか。これに対し1960年代初頭にアメリカの教育心理学者ブルーナー（Bruner, J. S.）によって提唱された**発見学習**では，学習すべき法則や原理を児童生徒自らが自発的に発見していく過程を重視している。ブルーナーは単に知識を教えだけではその知識は生きた知識にならないと考え，科学的思考法を学習することの重要性を主張した。発見学習による授業の基本的な流れは，表7-2のように「学習課題を捉える→仮説を立てる→仮説を練り上げる→たしかめる→発展する」という5つの段階からなる（水越，1977）。

発見学習の長所としては，児童生徒が授業に積極的に取り組む，学習への内発的動機づけを高める，自分で発見したことがらは人に教えてもらったことよりも記憶に残りやすい，知識の本質を発見する方法を学習できる，問題解決に役立つ知識や態度が身につく，などがある。しかし学級で実施するとなると，授業の時間がかかりすぎる，大量の教材を準備しなくてはならないといった壁もある。前提となる知識が不十分であったり，教師の適切な指導がないままに，

表7-2　発見学習の流れ

段階	内容
学習課題を捉える	学習者に問題となる事象を詳しく観察・分析させて解決すべき課題を明確に捉えさせる段階。
仮説を立てる	仮説を自由に立てる段階。この段階では学習者は直観的思考による仮説を立てることが多い。
仮説を練り上げる	仮説を吟味し，論理的なものとする段階。同時にどのように仮説を検証したらよいか考える。
たしかめる	事実資料を照合したり，実験したりして仮説を検証する段階。
発展する	発見した法則や概念を他の場面にも応用できるように発展させる段階。

漠然と発見学習を行うことは授業時間の空費であるといった批判もある。また，学習内容によっては，知識を直接的に教える方法が向いている場合もある。発見学習の長所を活かすには，ここぞという所に上手に発見学習を取り入れていくという方法が現実的であろう。

発見学習は日本で板倉聖宣《きよのぶ》による**仮説実験授業**に取り入れられ発展してきた。仮説実験授業は一般的に「問題→予想→討論→実験」の順序で授業が行われる。まず図7-2のような問題を出し，児童生徒に予想させることから始まる。教師は黒板にそれぞれの選択肢を選んだ人数をまとめる。次に，児童に予想した理由を述べさせたり，児童同士で討論を行ったりする。その後に予想を変えることもできる。最後にどれが正解であるか実験によって確かめる。そして次の問題に入り，また予想・討論・実験と進む。ある程度似た問題を複数実施するなかで児童のなかに「一般的にはこうではないか」という仮説ができてくるのである。最後に重要事項をまとめたり結果を他の状況に適用させるような「読み物」が用意されており，児童がこれを読むことによって知識の定着を図ること

図7-2　仮説実験授業の例（板倉，1988）

［問題　2］

こんどは，図のようにおもり１こをＤ点につりさげます．これと同じおもり２こを，どこか１か所につるして，棒が水平につりあうようにしたいと思います．

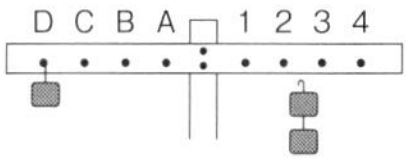

そんなことができるでしょうか．できるとしたら，どこにつるせば，棒が回転せずにつりあうでしょう．

予　想

ア　どこにつるしても水平にはならない

イ　［　　　］にさげれば，水平につりあう

討　論

どうしてそう思いますか．みんなの考えを出しあって討論してから実験しましょう。

実験の結果……［　　　　　　　　］

ができるように工夫されている。

仮説実験授業の方法はたくさんの実践授業をもとに作成された「授業書」というかたちで100近くの授業プランが用意されている。仮説実験授業は理科教育にとどまらず，数学，国語，技術，美術や社会科学分野の教科教育にも応用されている。

[3] 有意味受容学習

有意味受容学習とは，知識の内容が学習者にとって意味のあるものとして与えられたときにはじめて，知識の習得は効率的になされるという考え方に基づき，1960年代初頭にオースベル（Ausubel, D. P.）が提唱した学習指導法である。オースベルは，学習を「**受容学習－発見学習**」「**有意味学習－機械的学習**」という2つの次元にわけた。受容学習では発見学習とは対照的に，教師が習得すべき知識を直接伝達し，児童生徒はそれを受け身で受容する。発見学習は授業に時間がかかりすぎるという効率面での難点があるため，オースベルは受容学習こそ学校教育の中心であり，重要な学習指導法であると考えた。

ただし，学習内容の意味を学習者に十分に理解させることなしに一方的に知識を提示するような授業では，児童生徒は，歴史年号や英単語の丸暗記のように教えられた内容を意味も考えずに丸暗記せざるをえなくなってしまう。このような学習は機械的学習と呼ばれ，記憶をすることも，記憶した内容を思い出すことも困難であるといわれている。皆さんも，試験の直前に重要語句をよく理解しないままひたすら書いたり，唱えたりして丸暗記して試験に臨んだ経験がないだろうか。そして，必死で丸暗記した知識は残念ながら試験が終わると忘れてしまい記憶にとどまりにくいということも経験的に感じているのではないだろうか。新しいことを学習する際には，学習者がすでにもっている知識と新規の学習内容をうまく関連づけて提示することで，学習者は新しい知識を容易に取り込むことができ，同時に学習した内容を忘れにくくなる。これが，有意味受容学習である。たとえば，歴史の学習の際に，個々の出来事や人名をばらばらにひたすらに丸暗記しなくてはいけないとしたら，大変な苦労である。すでに習った歴史と新しく登場する人物はどのような関係にあるのか，なぜこの事件が起きたのかといったように歴史の流れを理解することによって新しい知識の習得が容易になり，記憶の保持も良くなるのである。

それでは，学習内容が学習者にとって「有意味」になるためには教師はどのような工夫をすればよいだろうか。オースベルは有意味受容学習を促進するための工夫の一つとして**先行オーガナイザー**の必要性を挙げている。先行オーガナイザーとは直訳すれば，授業に先行して organize（体系づける，まとめる）する（ことを助ける）ものといったような意味になる。オースベルは，後続の学習内容を学習者の認知構造のなかに取り入れやすくするために，事前に授業内容をより抽象化して一般化したような文章等を提示する手続きを先行オーガナイザーと名づけた。ここで，先行オーガナイザーの効果を実感していただくために，ある心理学の実験で使用された文章を紹介したい。まず，表7-3の文章を先行情報なしで読んでみてほしい。難解な言葉が出てくるわけではないが，何について書いてあるのか意味不明ではないだろうか。

しかし，この文章に「洗濯」というタイトルが与えられると，今度は文章の意味がよくわかる。この例では「洗濯」というタイトルが先行オーガナイザーの役割を果たすことによって，後続のあいまいな文章を私たちのもっている「洗濯」に関する既存の知識と関連づけて理解することができたといえる。

先行オーガナイザーには説明オーガナイザーと比較オーガナイザーの2種類がある。説明オーガナイザーとは，上記の洗濯の例のようにこれから新しく教えようとすることがらの全体像を事前に伝えるような情報である。教科書の各章の扉に書かれた要約的な解説や，新聞の見出しなども説明オーガナイザーの

表7-3　心理学の実験で使用された文章（Bransford & Johnson, 1972；森，1991）

手順は実際，まったく単純である。まず，物をいくつかの山に分ける。もちろん量が少なければ1つの山でも十分である。もし設備がないためにどこかよそへ行かなければならないのなら話は別だが，そうでなければ準備は整ったことになる。大切なことは一度にあまり多くやり過ぎないことである。つまり，一度に多くやり過ぎるよりも，むしろ少な過ぎるくらいのほうがよい。このことの重要さはすぐにわからないかもしれないが，もしこの注意を守らないとすぐにやっかいなことになるし，お金もかかることになる。最初，全手順は複雑にみえるかもしれない。しかし，すぐにそれは生活の一部となるであろう。将来この仕事の必要性がなくなることを予想するのは困難であり，けっして誰もそんな予言をしないであろう。手順が完了した後，材料はふたたびいくつかのグループに分けて整理される。それからそれらは，どこか適当な場所にしまわれる。この作業が終わったものは，もう一度使用され，ふたたびこのサイクルが繰り返されることになる。面倒なことだが，しかしこれは生活の一部なのである。

一種といえるだろう。比較オーガナイザーとは新しい学習材料とこれまでに学んだ知識の類似点・相違点を示すような情報である。たとえば，仏教に関する知識を教える際に，他の宗教と比較することによって仏教の特質がより明らかになったり，目の仕組みの説明をする際に，簡単なカメラの構造を説明することによって理解が容易になったりするのは比較オーガナイザーの一例である。

2. 協同学習

[1] 協同学習とは

協同学習とは，児童生徒同士がペアワークやグループワークを通して，協力して学びあう学習のことである。「競争」には勝ち負けがあり，一方が勝者になれば他方が敗者になる関係であるが，「協同」は，メンバー同士が互いに協力したり，助けあったり，教えあったりすることで互いに高めあいながら目標を達成することができる関係である。協同学習の利点としては，少人数ゆえに，心理的圧迫感が少なくのびのびと活動できることや，メンバー同士で教えあうことで，教わる側だけでなく教える側の学習も促進されるといったことが挙げられる。それによって，内発的動機づけが高まる，学習者の自己肯定感が高まる，学業成績が高まる，人間関係が良好になるといった効果があるといわれており（Johnson & Ahlgren, 1976），さまざまな協同学習の方法が提案されている。

[2] バズ学習

代表的な協同学習の一つが**バズ学習**である。バズ（buzz）とは，ハチのブンブンという羽音を指す英語で，子どもたちがワイワイと活発に話しあいをしている様子を表している。バズ・セッションという技法は会議や研修会での討議法として以前から存在したが，塩田（1989）はこれを学習指導法として理論化し，バズ学習を提唱した。バズ学習は単にグループで話しあいをするということだけを意味するのではなく，人間関係を基盤として学ぶという視点と，学習を通して人間関係を高めるという視点を重視している。バズ学習は少人数で話しあいを行うことによって，のびのびと自由な意見が出やすくなり，全員が話しあいに参加しやすくなるため，広く学校現場で採用されている。

一般的なバズ学習の進め方は以下のとおりである。まず教師から学級全体に向けて話しあいのための課題が提示される（課題の認知）。次に，児童生徒は提示された課題について各自で考えてみる（個人学習）。その後，4～6人程度のグループにわかれて話しあいを行う（グループ学習）。1回の話しあいは短時間で行われ，話しあいが終わると，グループの代表者が全体に向けて話しあいの結果を発表したり，学級全体で討議したりする（全体学習）。その後，場合によっては再度グループで話しあいをすることもある。最後に，教師による補足・修正とまとめが行われ（まとめ学習），教師のまとめを各自，またはグループで確認する（確認の学習）。

バズ・セッションは1グループ6人で6分間の話しあいを基本原則とするため，別名6-6討議法とも呼ばれるが，バズ学習では，最適な人数や時間は児童生徒の発達段階や課題の内容などによって異なってくるため柔軟に対応する必要がある。さらには，学習成績の向上だけでなく，学級の人間関係を高めるという視点も重視したグループ編成が望まれる。塩田は，バズ学習導入初期は，能力や性別の異なるメンバーが同じグループになるように編成するのがよいとしている。しかし，ただ単にグループに分かれて話しあいを行うだけでは，話が脱線してしまったり，話しあいに参加しない（できない）メンバーが出てきたりしてしまう。そこで，バズ学習では，司会進行を行うリーダー（バズ長）を設定し，メンバーが交代でリーダーを担うことで，児童生徒が主体的に責任感をもって話しあいに参加できるようにしている。

[3] ジグソー学習

ジグソー学習は協同学習と仲間による教えあい学習を骨子とした学習指導法である。通常のグループ学習ではグループ内では協力して協同学習が行われていても，グループの間に競争や葛藤が生じることがある。また，メンバーの能力の個人差によってリーダーとフォロワー，教える側と教わる側といった関係が固定化しがちである。こういった難点を克服するものとしてアロンソンら（Aronson et al., 1975）が開発したのがジグソー学習である。

ジグソー学習の進め方は以下のとおりである。たとえば，30名の学級で歴

図7-3　ジグソー・セッションによる学習（左）とカウンターパート・セッションによる学習（右）
（蘭，1983を一部改変）

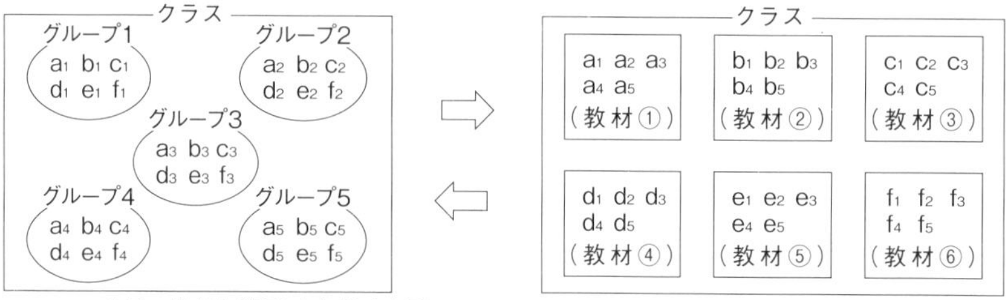

a_1,a_2,a_3…は同一教材を学習した各児童を示し，
a_1,b_1,c_1…は異なる教材を学習した各児童を表わす。

史上のある人物の生涯をジグソー学習によって学習するとする。まず，全体で学習内容についての導入を行ったのちに，図7-3のように，児童生徒を6人ずつ5つのグループにわけ，原グループ（ジグソーグループ）とする。次のカウンターパート・セッションでは，各グループから1人ずつ集まり新たなグループ（カウンターパートグループ）を形成する。ここでは，学習内容が6つに分割されており，あるグループは教材①（人物の少年時代）について学び，別のグループは教材②（人物の受けた教育）について学ぶといったようにグループごとに学習内容が割り振られる。その後，児童生徒は原グループに戻り，各自が学んだ内容を仲間に教える（ジグソー・セッション）。互いに教えあいによる協同学習を行うことで，全教材についての学習が成立するのである。あたかも各自が異なるピースを持ち寄って1枚の絵を完成させるジグソーパズルのようであることからジグソー学習と呼ばれている。

ジグソー学習では，仲間の誰か1人でも欠けると学習が成立しない仕組みになっているので，グループに対する役割と責任を自覚させ，協力の意義を実感として体験することができる。また，1人1人が重要な役割を担うこととなるため子どもの自尊感情を高めるとともに，学習成績の向上にも効果があるとの報告もなされている。

3. 主体的・対話的で深い学び

[1] 主体的・対話的で深い学びとは

新しい学習指導要領（小学校は2020年度，中学校は2021年度から全面実施，高等学校は2022年度の入学生から年次進行で実施）では，中央教育審議会答申（2016年12月）を踏まえて，急速に変化し続ける予測が困難な時代に子どもたちに求められる力を「育成を目指す資質・能力」として明確化し，生きて働く「知識・技能」の習得，未知の状況にも対応できる「思考力・判断力・表現力等」の育成，学びを人生や社会に生かそうとする「学びに向かう力・人間性等」の涵養の3つの柱で整理している。これらの資質・能力をバランスよく育成するには知識・技能の伝達を主とした授業だけでは難しい。そこで，授業改善の視点として「**主体的・対話的で深い学び**」（いわゆるアクティブ・ラーニング）が示された。

アクティブ・ラーニングに関しては，授業に話しあい活動を取り入れればよいといったような誤解があるが，「主体的・対話的で深い学び」は授業改善の視点であって，特定の学習指導法を指すわけではなく，それ自体が目標でもない。「主体的・対話的で深い学び」の実現とは，目標とする資質・能力を育成するためには子どもたちが主体的・対話的に深く学んでいるという学びの過程が重要で，そのために必要な授業の工夫・改善を重ねていくことを意味する。

主体的な学びとは，「学ぶことに興味や関心を持ち，自己のキャリア形成の方向性と関連付けながら，見通しを持って粘り強く取り組み，自己の学習活動を振り返って次につなげる〔学び〕」（中央教育審議会，2016）である。受動的に授業を聞き，指示や答えを待ち，受け身で知識を覚えるような学びに対して，主体的な学びは自ら考え，思考が活性化するような学びといえる。

対話的な学びとは，「子供同士の協働，教職員や地域の人との対話，先哲の考え方を手掛かりに考えること等を通じ，自己の考えを広げ深める〔学び〕」（中央教育審議会，2016）である。他者との対話によって自分の考えを相対化し，自分1人で考えていたことの範囲を広げたり，超えたり，新たな視点に気が付いて深めたりといったことができるような学びといえる。

深い学びとは，「習得・活用・探究という学びの過程の中で，各教科等の特

表 7-4　授業改善に向けた学習者の視点と授業者の視点（国立教育政策研究所，2020）

	授業改善に向けた『学習者』の視点	授業改善に向けた『授業者』の視点
主体的な学び	• 学ぶことに興味や関心を持つ • 自己のキャリア形成の方向性と関連付ける • 見通しをもつ • 粘り強く取り組む • 自己の学習活動を振り返って次につなげる	• 既習事項を振り返る • 具体物を提示して引きつける • 子供が明らかにしたくなる学習課題を設定する • 子供が自らめあてをつかむようにする • 学習課題を解決する方向性について見通しを持たせる • 子供が自分の考えを持つようにする • 子供の思考を見守る • 子供の思考に即して授業展開を考える • 子供の考えを生かしてまとめる • その日の学びを振り返る • 新たな学びに目を向けさせる
対話的な学び	• 子供同士の協働を通じ，自己の考えを広げ深める • 教職員との対話を通じ，自己の考えを広げ深める • 地域の人との対話を通じ，自己の考えを広げ深める • 先哲の考え方を手掛かりに考える	• 思考を交流させる • 交流を通じて思考を広げる • 協働して問題解決する • 板書や発問で教師が子供の学びを引き出す
深い学び	• 各教科等の特質に応じた「見方・考え方」を働かせる • 知識を相互に関連付けてより深く理解する • 情報を精査して考えを形成する • 問題を見いだして解決策を考えたり，思いや考えを基に創造したりすることに向かう	• 資質・能力を焦点化する（つけたい力を明確にする） • 単元や各授業の目標を把握する • ねらいを達成した子供の姿を具体化する • 教材の価値を把握する • 単元及び各時間の計画を立てる • 目標の達成状況を評価する

質に応じた「見方・考え方」を働かせながら，知識を相互に関連付けてより深く理解したり，情報を精査して考えを形成したり，問題を見いだして解決策を考えたり，思いや考えを基に創造したりすることに向かう（学び）」（中央教育審議会，2016）である。主体的・対話的であっても，「深い学び」にならなければよい授業にはならない。なんでも検索できる時代には表面的な個々の知識の羅列には意味がなく，学びが「有意味学習」となり，汎用的で自在に活用できる知識（構造化された知識）の習得が求められる。たとえば問題状況を解決するときに，問題の解決に適切だと考える知識を選び出し（選択），その場面

や状況に合わせ（適合），必要に応じて複数使用して（組合せ），考え，判断し，表現し，行為していく。このように，知識が相互につながり，場面や状況とつながって構造化し，使える知識になることがポイントとなる（田村，2018）。

[2] 授業改善のための学習者視点と授業者視点

「主体的・対話的で深い学び」は子どもが「どのように学ぶか」を示している。では，教師はどのように子供たちに働きかけたらよいだろうか。表7−4は授業改善に向けた学習者と授業者の視点を併せて示したものである。ここでは，表右側の授業者視点による改善を行えばよいということではないことに注意してほしい。教師が「具体物を提示して引きつける」ことや「既習事項の振り返り」をすることを通じて子どもが「学ぶことに興味や関心を持つ」という主体的学びが実現されることが重要であり，それによって「育成を目指す資質・能力」が実現されることが目標である。手段が目的化しないように目標とする資質・能力を明確化して授業を設計，準備し，実践，改善していくことが重要である。

4. 個に応じた学習指導

[1] ATI（適性処遇交互作用）

本章ではここまでさまざまな学習指導方法について紹介してきた。もしかしたら皆さんのなかには，「結局，最も優れた学習指導方法はどれなのか？」という疑問をもった方がいるかもしれない。この疑問に対して「Aという教え方とBという教え方，どちらが優れているかという比較は多くの場合無意味である。なぜなら，児童生徒にはさまざまな適性があり，その適性によって最適な教え方は異なるからだ」と答えるのが**ATI（Aptitude Treatment Interaction：適性処遇交互作用）**の考え方である。ATIとは，アメリカの心理学者クロンバック（Cronbach, L. J.）によって提唱された概念であり，学習の成果は，学習者の適性と処遇（指導法）の組み合わせによって決まるという考え方である。

ATIの具体例を見てみよう。ドミノ（Domino, 1971）は，大学生を対象と

図 7-4　ATI（適性処遇交互作用）の例

（Domino, 1971 ; Cronbach & Snow, 1977 より並木，1997 が作図）

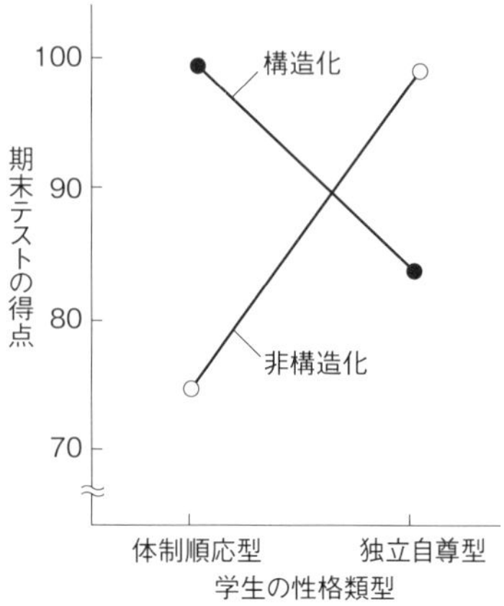

して同じ心理学の内容を2つのタイプの適性の学生にそれぞれ2種類の指導法によって教えて，その学習効果を比較した。適性については，大学生に性格検査を実施し，「体制順応型」と判断された50名と「独立自尊型」と判断された50名が選ばれた。指導法は，一つは「構造化」された学習指導法であり，学習内容が構造化されており，学生はその構造に従って学習するように求められた。もう一つは「構造化されていない」学習指導法であり，学生の主体性を促すようなスタイルの学習指導法であった。結果を見てみると（図 7-4），学生の性格によって，学習指導法の効果が逆転することがわかる。つまり，体制順応型の学生は構造化された授業では成績が良いが，自由裁量の余地を与えられた授業では成績が良くない。一方，独立自尊型の学生ではこの関係が逆転している。このように，学生の性格（適性）と指導法（処遇）の間にある種の「相性」があり，学生は自分の性格に合った指導法で学んだときに最も学習効果が良くなるのである。

この例では，適性の要因として学生の性格類型を考えているが，ATI（適性処遇交互作用）における「適性」の概念は広く知・情・意のすべてを包括するものである（並木，1997）。たとえば，知能，学力などの認知的能力や，内向性－外向性，テスト不安傾向などの性格の特性，学習への興味・意欲の程度，動機づけ状態など，学習効果に関連するあらゆる心理的個人差が適性の要因として考えられる。また，「処遇」とは，学習指導法のことであるが，広義では教師の人格，学校環境，評価方法なども含まれる。「交互作用」とは統計学の用語であり，ある要因（学習指導法）の効果の大きさが，条件（学習者の適性）によって異なることを意味する。

図 7-4 の結果を学生の適性を考慮せずに，それぞれの指導を受けた学生全員の平均値で比較すると，若干ではあるが構造化された学習指導法の方が優れているという結果になる。だからといって全学生に構造化された学習指導法を実施することになれば，独立自尊型の学生は本来の力を発揮できないことになってしまう。誰に対しても最適な“万能薬的な”指導法があれば，その指導法によって 1 年を通してすべての児童生徒を教えればよいだろう。しかし，残念ながら現実的にはそのような指導法はいまだ見つかっていない。そこで，一つの指導法によって全学習者を教えるのではなく，ある適性の児童生徒には指導法 A を，別の適性の児童生徒には指導法 B をといったように，適性に応じて指導法を切り替えることによって，全体として学習効果の改善を期待することが考えられる。これが ATI に基づく学習指導法の最適化の考え方である（並木，1997）。

[2] ATI を考慮した教育を実施する方法

学級での一斉指導において，ATI の視点を取り入れた教育を実施するにはどうすればよいだろうか。この問いに対して，以前は「ATI はよい考え方だということはわかるが，学校で実施するとなると現実的には難しい」という答えが返ってくることが多かった。確かに，これまでは 40 人学級に教員 1 名という制約のなかで個に応じた指導が十分にしにくい状況があった。しかし近年では，公立学校の教員定数に上乗せして教員を配置する加配措置がなされたことによって，ティーム・ティーチング（team teaching：T. T.）等の指導方法の工夫が可能となった。また，20 人程度の少人数指導や習熟度別指導など弾力的な指導も可能となり多くの学校で取り入れられている。これらは，単に学級規模を「量的」に小さくするだけでなく，教員 1 人あたりの児童生徒の数を減らすことによって個に応じた指導を実現し，指導のあり方を「質的」に変えていこうとするものであり，ATIの視点を取り入れた教育を目指したものということができるだろう。

また，もう一つの方向性として，近年急速に進歩したコンピュータの技術を用いたものがある。最近では，e-ラーニングの普及や教育に関するソフトの開発によって，学習者の適性を診断し，個々人のニーズにあった学習環境を提供することも可能になっている。このようなコンピュータ技術を活用した個別化教育もまたATIの視点を取り入れた教育の一つの方向性といえるだろう。

ATIの視点を取り入れた教育は，従来の一斉指導では不可能なのかというとそうではない。たとえば，中学校数学の証明の授業について考えてみよう。教師は，全員に同じ証明問題を一斉に提示するが，あらかじめいくつかのレベルのヒントカードを用意しておく。生徒は，問題を読み自力で解けると思えばそのまま解き始める。問題が自力で解けない生徒は，自分が必要と思うレベルのヒントカードをもらい再度問題に挑戦する。それでも解けなければより易しいレベルのヒントをもらったり，教師に質問したりすることができることにする。このようなちょっとした工夫で，教師が1人であっても生徒の理解に応じた指導が同時並行的に可能になる。習熟度別に集団をわけなくても，指導の工夫によって個に応じた指導は可能なのである。

そもそも，ATIにおける最適化の考え方は，学習者の適性を年度の最初に測定してクラスわけをし，適性ごとに最もふさわしい指導法を1年間実施するといったような単純な話ではない。先にも述べたように，適性の要因は多数あるので，たとえば，知能でクラスわけをしてクラスごとに異なる指導法をしたとしても，性格などの別の適性を考慮すると，その指導法が必ずしも最適とは限らない。また，時期によって学習者の適性は変化するし，教科や教科の単元によっても適性と最適な指導法の関係は異なってくるだろう。このような複雑な現実に対応するために教師に求められる姿勢は，一言でいえば「柔軟性」だろう。自分が良いと信じる指導法や，得意な指導法にとらわれず，さまざまな指導法を組み合わせることによって，できるだけ多くの児童生徒が各自の個人差に応じた指導法に触れる機会を増やすように配慮すべきである。また，児童生徒の適性に指導法を合わせるだけでなく，適性そのものを育てることも忘れてはいけないだろう。そのためにも，教師および教師を目指す者は，学習指導法について学び，臨機応変に指導法を使いわけられるスキルを身につける必要がある。さらには，制約のある指導環境のなかでも，「どうしたら個に応じた指導ができるだろうか」と考え，工夫し続ける姿勢と努力をぜひもち続けてほしいと思う。ATI 理論とは，指導のノウハウではなく，真に個に応じた指導を目指すための重要な視点を与えるものであるといえるだろう。

5. 例題について考えてみよう

最初に投げかけた「よい授業」とは？という問いについて考えてみたいと思う。本章で紹介した学習指導方法のなかに，皆さんが最初に考えた「よい授業」と一致するものはあっただろうか。「自分で考えたり，好奇心が刺激されたりする授業がよい」と答えた方は，発見学習の考え方が参考になったかもしれない。「参加できたり，他の人と話しあえたりする授業がよい」と答えた方は，協同学習の考え方が参考になったかもしれない。「自分がよいと思って受けてきた授業には実はこんな理論的背景があったのか」と気づき，授業を担当された先生方の工夫や意図を改めて理解したという方もいるかもしれない。いままで漠然と受けてきた授業について理論的に学ぶことで，授業とは知恵と工夫に満ちた奥深いものであることを感じてもらえれば幸いである。

さて，「よい授業」とは？という問いがあったのだから，それに対する答えが必要なのだが，すでに本章を読み終えた皆さんは，この問いに対してどれか一つの学習指導法が答えになるわけではないことはもうおわかりだろう。ATI の視点に立てば，万人に対して「よい授業」であるたった一つの学習指導法は存在しないのである。実際に同様の質問を講義で行うと「話しあいができる授業がよい」と答える学生さんがいたと思えば，「話しあいは緊張するので苦手だ。教科書がしっかり用意されている講義形式の授業が好きだ」という学生さんもいる。ここで重要なことは，自分にとって「よい授業」が他の人にとっても「よい授業」であるとは限らないということである。

教育実習に行くときには，自分が最もよいと思う授業を準備していくだろう。しかし，実際にその通りやってみてもうまくいかないことがある。教室にいる子どもたちは，学力も動機づけも性格もさまざまだからだ。そんなときはぜひ頭を柔らかくして，「同じ箇所でも，こんな教え方もあるかもしれない」「こんな風にやってみたらどうだろう」と考えてみてほしい。そして，そのような柔軟な対応が可能になるためにも，自分がよいと思う方法だけに固執せずに，学習指導について学び，指導法の引き出しをたくさん増やしておいてほしいと思う。

発展図書案内

板倉聖宣（2011）．仮説実験授業のABC―楽しい授業への招待（第5版）　仮説社

→はじめて「仮説実験授業をやってみよう」という人からすでに仮説実験授業を実施している人まで幅広く活用可能なガイドブック的な本である。仮説実験授業の進め方から背景となる理論までわかりやすく解説されている。また，多数の授業書がコンパクトに紹介されており，具体的な授業をイメージしながら読み進めることができる。

並木　博（1997）．個性と教育環境の交互作用―教育心理学の課題　培風館

→ATI（適性処遇交互作用）について，著者が長年の研究の集大成としてまとめた本である。内容的には専門的な部分も多く高度であるが，読み終えるとATIを通したものの見方，考え方を身につけることができるだろう。

本田恵子（2006）．脳科学を活かした授業をつくる―子どもが生き生きと学ぶために　みくに出版

→アメリカやイギリスで行われているMI（Multiple Intelligences）理論（コラム7参照）に基づいた授業づくりを日本でいち早く紹介した本である。子どもの脳の働きを理解するための理論から，子どもの多様な能力を生かした授業の実践事例や授業づくりのアイディアを図や絵を用いて親しみやすく紹介している。

独立行政法人教職員支援機構（編著）（2018）．主体的・対話的で深い学びを拓く―アクティブ・ラーニングの視点から授業を改善し授業力を高める　学事出版

→第1部では「主体的・対話的で深い学び」では何を目指し，どのようにそれを実現するのかといったポイントについてさまざまな視点から解説されている。第2部では「主体的・対話的で深い学び」を実現するためのヒントとなる豊富な授業実践や研修事例の紹介および考察がまとめられている。

引用文献

蘭　千壽（1983）．児童の学業成績および学習態度に及ぼすJigsaw学習方式の効果　教育心理学研究，*31*（2），102-112.

Aronson, E., Blaney, N., Sikes, J., Stephan, C., & Snapp, M. (1975). Busing and racial tension: The jigsaw route to learning and liking. *Psychological Today,* February, 43-50.

Bransford, J. D., & Johnson, M. K. (1972). Contextual prerequisites for understanding: Some investigations of comprehension and recall. *Journal of Verbal Learning and Verbal Behavior, 11,* 717-726.

Cronbach, L. J., & Snow, R. E. (1977). *Aptitudes and instructional methods: A handbook for research on interactions.* Irvington.

De Montmollin, M. (1971). *L'enseignement Programmé.* Presses Universitaires de France.（山内光哉・大村彰道（共訳）(1974). プログラム教授法―教授工学入門― 白水社）

Domino, G. (1971). Interactive effects of achievement orientation and teaching style on academic achievement. *Journal of Educational Psychology, 62,* 427-431.

板倉聖宣（1988). 授業書研究双書　てこ・滑車・仕事量　国土社

Johnson, D. W., & Ahlgren, A. (1976). Relationship between student attitudes about cooperation and competition and attitudes toward schooling. *Journal of Educational Psychology, 68,* 92-102.

国立教育政策研究所（2020). 主体的・対話的で深い学びを実現する授業改善の視点について　文部科学省 国立教育政策研究所

水越敏行（1977). 発見学習入門　明治図書

森　敏昭（1991). 学習　稲田準子・細田和雅・松本卓三（共編） 心理学概説　ナカニシヤ出版　pp. 44-54.

並木　博（1997). 個性と教育環境の交互作用　教育心理学の課題　培風館

塩田芳久（1989). 授業活性化の「バズ学習」入門　明治図書

田村　学（2018). 駆動する知識の生成～つなぐ・つながる・つなげる～　独立行政法人教職員支援機構（編著） 主体的・対話的で深い学びを拓く－アクティブ・ラーニングの視点から授業を改善し授業力を高める　学事出版

中央教育審議会（2016). 幼稚園，小学校，中学校，高等学校及び特別支援学校の学習指導要領等の改善及び必要な方策等について（答申）

コラム 7　MI（多重知能）理論とATI

MI（Multiple Intelligences：多重知能）理論では，脳の働きを8つの能力（言語能力，論理数学的能力，内省的能力，博物学的能力，音楽的能力，身体運動能力，視覚空間能力，対人的能力）で説明している（2章参照）。私たちは誰でもこの8つの能力をもっているが，そのなかに得意，不得意がある。もし，言語能力が高く，言葉を使って説明する授業が得意な小学校の先生の学級に，視覚空間能力が高く，言葉よりも絵や図を使って理解することが得意な児童がいたとしたら，その子は1年間自分の能力特性に合わない方法で授業を受けることになってしまう。MI理論では「すべての子どもに対して，いかなる場合にもうまくいく唯一絶対の方法など存在しない」と考える。つまり「万能薬的な指導法は残念ながら存在しない」というATI理論と同様の前提に立っている。それゆえ，MI理論では教師ができるだけ多様な教え方ができることの必要性を説いている。教師が多様な教え方を次々と展開することができれば，すべての子どもたちが1時間の授業，あるいは1日中のどこかで自分の得意とする能力を使って学ぶことができるようになる。これは，まさにATI理論の最適化の実践といえるだろう。さらには，子どもがさまざまな能力を使う機会を提供することによって，能力，つまり適性そのものを伸ばすことにも貢献するのである。米国では積極的にMI理論を学んだ教師たちがMIを取り入れて授業改善を行ったり，学校単位でMI理論を取り入れた高校で進学率が上昇したりしているケースもある。近年日本でもMIを活用した授業事例が紹介されるようになってきた（7章発展図書の本田，2006参照）。MI理論は最新の脳科学の分野から適性を理解しようとする理論であるといえる。子どもの適性を考慮した授業を提供しようというATIの考え方が，MI理論の登場によって再び学校現場で注目され，個を大事にする教育への理解が一層進むことが望まれる。

8章
教育評価

例　題

現在，学校の成績評価は，かつての相対評価からいわゆる絶対評価，「目標に準拠した評価」へときりかわっている。そして，次の３つの観点別に評価することになっている。「知識・技能」「思考・判断・表現」「主体的に学習に取り組む態度」の３つである。各教科とも学習の実現状況を，その目標に照らして３つの観点ごとに評価する。

目標に照らして，

「十分満足できる」状況と判断されるものをA，

「概ね満足できる」状況と判断されるものをB，

「努力を要する」状況と判断されるものをC，

と評価することになる。

問　い

・ある教科，たとえば数学について，観点ごとにA，B，Cの3段階で評価したとしよう。では，観点別ではなく，数学としての教科の全体的な評価を5，4，3，2，1の5段階で評価するには，どうすればよいだろうか。

キーワード：偏差値，知能指数，形成的評価，指導要録，観点別評価
キーパーソン：ビネー，ターマン，タイラー，ブルーム

1. 偏差値

大学に入学したばかりの皆さんに一番馴染みがある教育評価は，おそらく偏差値だろう。偏差値は**相対評価**の代表である。

偏差値教育とか偏差値体制とか偏差値信仰といわれるものと，偏差値とは異なる。偏差値教育・偏差値体制・偏差値信仰などというのは，社会現象や社会意識に属するものである。それに対して，偏差値は本質的に統計量である。たとえ偏差値教育が悪いこととしてどんなに批判されようとも，統計量としての偏差値はつねに存在する。**偏差値**が示すのは，1回のテスト（1科目あるいは数科目の合計点）の全体のなかでのごく大まかな相対的順位である。

ここで重要なのは，1回のテストだということと，ごく大まかな相対的順位だということである。たとえば，何回かテストをやり，その順位の平均（平均順位）と，偏差値の平均（平均偏差値）から出した順位とを比べる。すると，それらは一般に一致しない。統計学的に厳密な議論によれば，平均順位の値にはもはや順位という意味がなく，平均偏差値は偏差値という意味をもたない（吉村，1984）。

たとえば，7回やったテストの偏差値を求めたければ，そのテストの合計点を全員分計算して，そこから新たに偏差値を求めなければならない。こうして求めた7回分のテストの偏差値と，7回のテストの偏差値の平均（平均偏差値）とは，当然，異なることになる。

日常私たちは上のような，順位の平均や偏差値の平均などを，おそらく特別意識することなく求めている。しかし，それが意味をもつのは，あくまでも「大まかな指標」としてである。

統計量の代表は，平均である。これは誰でも知っているだろう。統計量の次の代表は「標準偏差」というものである。この2つ，平均と標準偏差から，偏差値はつくられる。

なぜ標準偏差というものが必要かというと，同じ平均点でも得点の分布に違いが生じるからである。Aクラスは40点10人，50点20人，60点10人で平均50点。Bクラスは10点1人，20点2人，30点2人，40点10人，50点10人，60点10人，70点2人，80点2人，90点1人で平均50点とする。同じ

図 8-1　分散と標準偏差（吉村，1984）

n 個の数値 x_1，x_2，…，x_n があり，その平均が m であるとき，

$$s^2 = \frac{(x_1 - m)^2 + (x_2 - m)^2 + \cdots + (x_n - m)^2}{n-1}$$

で計算される値 s^2 を，この n 個の数値の‘分散’といい，その平方根 s を‘標準偏差’という。

分散を計算するときには，

$$s^2 = \frac{x_1{}^2 + x_2{}^2 + \cdots + x_n{}^2 - (x_1 + x_2 + \cdots + x_n)^2/n}{n-1}$$

という式を使ってもよい。

図 8-2　偏差値の計算式（吉村，1984）

n 個の数値 x_1，x_2，…，x_n の平均値を m，標準偏差を s とする。n 個のうちの一つの値 x に対して，

$$v = \frac{x - m}{s} \times 10 + 50$$

で計算される値 v を，x の‘偏差値’という。

偏差値 v と基準化した値 u との間には，

$$v = 10u + 50$$

という関係があるから，u と v には，一方が定まれば他方も定まるという関係がある。

x_1，x_2，…，x_n の偏差値を v_1，v_2，…，v_n とすると，偏差値の平均値と標準偏差 m''，s''（日本では，エム・ツーダッシュ，エス・ツーダッシュと読む人が多い）は，次のようになる。

$$\begin{aligned}
m'' &= \frac{v_1 + v_2 + \cdots + v_n}{n} \\
&= \frac{(10u_1 + 50) + (10u_2 + 50) + \cdots + (10u_n + 50)}{n} \\
&= 10\frac{u_1 + u_2 + \cdots + u_n}{n} + 50 = 10m' + 50 = 50
\end{aligned}$$

$$\begin{aligned}
s'' &= \sqrt{\frac{(v_1 - 50)^2 + (v_2 - 50)^2 + \cdots + (v_n - 50)^2}{n-1}} \\
&= \sqrt{\frac{(10u_1)^2 + (10u_2)^2 + \cdots + (10u_n{}^2)}{n-1}} \\
&= 10\sqrt{\frac{u_1{}^2 + u_2{}^2 + \cdots + u_n{}^2}{n-1}} = 10s' = 10
\end{aligned}$$

すなわち，偏差値の平均は 50，標準偏差は 10 である。

平均でも内容が違うだろう。A クラスの得点は平均の近くに集まっているのに対し，B クラスは得点が 10 点から 90 点までばらついている。このような分布の違いを表したものが標準偏差である（標準偏差と偏差値の具体的な求め方については，図 8-1，図 8-2 の説明を参照）。

偏差値から相対的順位を求めるには，正規分布表（表 8-1）を使う。(c) 欄が偏差値の欄である。たとえば，偏差値 60 は表 8-1 の $Q(x)$ の値を見て，上から 15.9% の成績であるとわかる。表 8-1 は偏差値 50 以上しか載せていないが，正規分布表は左右対称なので 50 以下もこの表から求められる。図 8-3 のグラフからわかるように，偏差値 60 の $Q(x)$ は偏差値 40 の $P(x)$ に等しい。そこから，偏差値 40 は下から 15.9% の成績とわかる。

偏差値はどの程度の精度をもっているか。精度が 100% 正しくなるのは，得点の分布が図 8-3 のような正規分布のときである。この曲線は「正規分布曲線」あるいは「ガウス曲線」という。心理学では「正常分配曲線」という訳もあった。これは理論的に与えられたものである。現実の分布がこの曲線に一致することはありえない。なぜなら，正規分布曲線はマイナス無限大からプラス無限大まで，無限の範囲に広がっている。しかし，テストの成績は 0 点から 100 点までなど，有限な範囲に限られるからである。

さらに大きな誤差を生むのは，現実の分布ではグラフの左右対称性が崩れ歪むからである。よく語られるのは「大数の法則」が存在し，大きな数になれば正規分布に近づくといわれる。しかし，「大数の法則」が存在するのは，あくまでも，(ある仮定を置いたうえでの) 数学の世界での話である。現実の世界でどのような分布となるかは，経験科学的に調べていかなくてはならない。

わが国で最も多くの受験生を集める試験のデータを見てみよう。図 8-4 に示したのは，現在の大学入学共通テストの前身である国公立大学共通 1 次試験の 1983 年度の得点分布である。このときの受験者は 343,152 人，平均点は 1000 点満点で 636.1 点であった。偏差値の考え方からすれば，平均は偏差値 50 に相当するから，平均点をとった受験生は 17 万 1576 番辺りになるはずである。しかし，実際の順位は 18 万 1680 番と，約 1 万人のずれがあった。2.7% の誤差である。その理由は，この得点分布が左右非対称の「ひずんだ分布」となっているからである。このように多少とも歪んだ分布となるのが現実である。だ

表 8-1 正規分布表（吉村，1984）

正規分布	(a)	(b)	(c)	$P(x)$の値	$Q(x)$の値
平均	0	0	50		
標準偏差	1	5	10		
x の値	0	0	50	0.500	0.500
	0.1	0.5	51	0.540	0.460
	0.2	1.0	52	0.579	0.421
	0.3	1.5	53	0.618	0.382
	0.4	2.0	54	0.655	0.345
	0.5	2.5	55	0.691	0.309
	0.6	3.0	56	0.726	0.274
	0.7	3.5	57	0.758	0.242
	0.8	4.0	58	0.788	0.212
	0.9	4.5	59	0.816	0.184
	1.0	5.0	60	0.841	0.159
	1.1	5.5	61	0.864	0.136
	1.2	6.0	62	0.885	0.115
	1.3	6.5	63	0.903	0.097
	1.4	7.0	64	0.919	0.081
	1.5	7.5	65	0.933	0.067
	1.6	8.0	66	0.945	0.055
	1.7	8.5	67	0.955	0.045
	1.8	9.0	68	0.964	0.036
	1.9	9.5	69	0.971	0.029
	2.0	10.0	70	0.977	0.023
	2.1	10.5	71	0.9821	0.0179
	2.2	11.0	72	0.9861	0.0139
	2.3	11.5	73	0.9893	0.0107
	2.4	12.0	74	0.9918	0.0082
	2.5	12.5	75	0.9938	0.0062
	2.6	13.0	76	0.9953	0.0047
	2.7	13.5	77	0.9965	0.0035
	2.8	14.0	78	0.9974	0.0026
	2.9	14.5	79	0.9981	0.0019
	3.0	15.0	80	0.9987	0.0013

図8-3　いろいろな正規分布（吉村，1984）

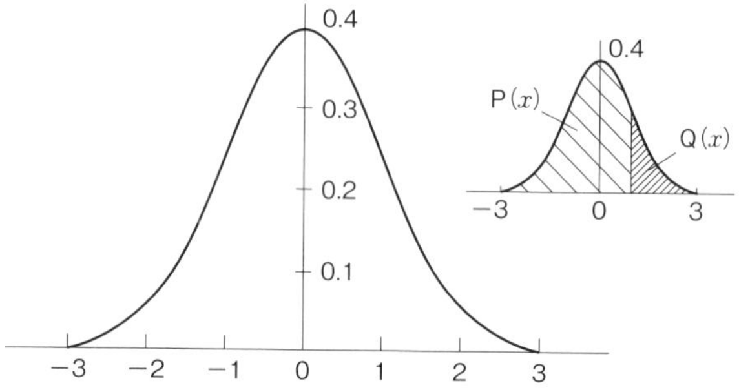

(a) 基準正規分布

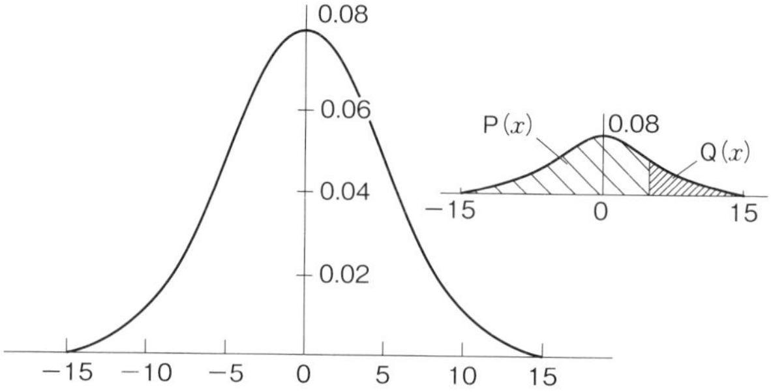

(b) 平均が0，標準偏差が5の正規分布

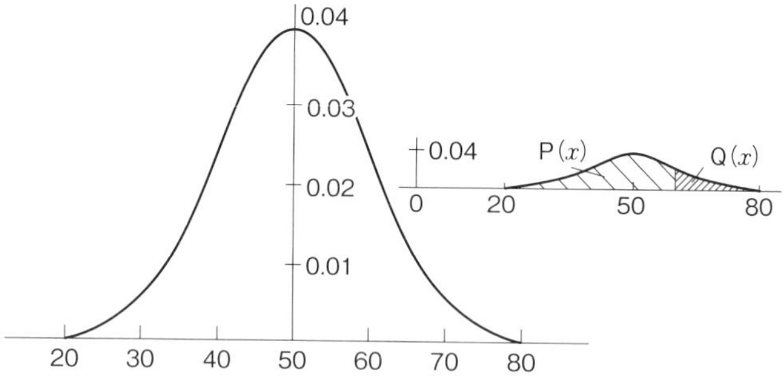

(c) 平均が50，標準偏差が10の正規分布

図 8-4　実際の得点分布（吉村，1984）

から，偏差値は誤差を当然含んでいると見るべきである。

偏差値が役立たないというのではない。偏差値はこの程度の誤差を含んで考えれば，「大まかな目安」として役立つということである。あまり細かい議論をしてはいけないということである。

2. 知能指数

知能指数（IQ）とは，精神年齢と暦年齢（実際の年齢）の比を100倍した数値（IQ＝精神年齢÷暦年齢×100）として与えられ，100を標準とする。精神年齢は，知能検査によって求められる。

知能検査は，1905年にフランスのビネー（Binet, A.）が就学困難児の早期発見のために開発した。この検査法は1対1の個別式検査であった。その後，米国において，「紙と鉛筆」で測定できる集団検査法が開発された。これに主導的役割を果たしたのは，「スタンフォード・ビネー知能検査」で有名なターマン（Terman, L. M.）と，米国陸軍の志願兵選抜のために簡便な集団式検査を開発したヤーキズ（Yerkes, R. M.）である（Gardner, 1999）。これ以後，各国で翻案され，現在ではわが国にも個別式と集団式の知能検査がある。

ターマンは，ビネーと発達観を異にし，知能は生得的に決定されていると考えた。そしてIQは天才の発見に使えるとも考えた。しかし，2章で紹介したように，IQは学校での成功予測には妥当するかもしれないが，社会での成功予測としては信頼性が大きく落ちる，というのが現状である（Goleman, 1995）。

IQが妥当なものとして使われているのは，知的障害を診断する場合である。IQには約5点の測定誤差が見込まれるが，IQ 70未満を知的障害とし，さらにその重症度の指標ともしてきた。2013年にDSM-5（Diagnostic and Statistical Manual of Mental Disorders, Fifth Edition）が出されてからは生活適応能力が重視され，単にIQで分類されることはなくなった（森ら，2014）。DSM体系は米国精神医学会の診断基準であるが，実質的には世界標準となっているものである（中井，2001）。

3. 形成的評価

教育評価というのは，教育活動に役立てるために行う評価のことである。狭い意味での教育評価（evaluation）は，ターマンなどが推し進めた知能検査法の考え方である「測定」（measurement）に対置するものとして，タイラー（Tyler, R. W.）らによって提唱された。教育測定運動は測定の客観化には大いに貢献した。しかし，それは学業成績や個人の能力などを測定することに自己完結していた。それに対して，タイラーは，評価を教育活動の一環とすべきだと考えた。

評価という営みは，単に測定して終わりなのではなく，その測定結果を指導の改善にまで結びつけることが大事なのである。教育評価は，指導を改善するためにあるとさえいってよい。そうすると，このとき評価されるのは，単に子ども（学ぶ側）の出来不出来だけではなく，教師（教える側）の指導のあり方も評価されることになる。

今日「教育評価」という場合，タイラーらの考え方に立って，評価結果を具体的教育活動のなかに活かしていくと考えるのがふつうである。タイラーの発想を引き継いで発展させたのは，ブルーム（Bloom, B. S.）である。評価プロセスの時点から，教育評価は，診断的（事前的）評価－形成的評価－総括的評価と分類されるが，ブルームが強調するのは，形成的評価である。

診断的評価というのは，ある単元の授業を始める前に，子どもたちの実態を把握するために行うものである。日常最もよく行われているのは，おそらく教師がその単元の授業の冒頭に発問をして，クラスの子どもたちのこれまでの知識理解を確認するというかたちだろう。

形成的評価というのは，その単元の途中で行われる。教師はその評価結果をもとに，それ以後の指導方法や教育内容の領域や難易度を軌道修正して，授業を改善していく。

総括的評価というのは，単元の授業が終了したときに行われる。簡単にいえば，教育成果の評価である。ただし，それは次のように考えれば形成的評価と似たものとしても考えられる。その評価結果が，子どもたちにとっては自分たちの達成度を知らせ次の課題を自覚化させるという点，また教師にとっては次の授業を構想する際に利用しうる情報になるという点である。

単元の授業がはじまる前，単元の途中，単元終了時と，評価する時期から形式的に分類したのが，診断的評価－形成的評価－総括的評価の分類である。しかし，評価結果を次の授業の展開につなげていくなら，すべてが形成的評価になるといってもよい。そういう点では，この分類は固定的なものではない。

また，上の説明では授業のまとまりを「単元」と表現したが，教育成果の評価である総括的評価を中心に考えれば，「学期」とか「学年」というまとまりもある。学期の成績とか，学年の成績とかである。しかし，ここに重点を置き過ぎると，「評価結果を具体的教育活動のなかに生かしていく」という「教育評価」の本来的発想から離れていってしまう点に注意する必要がある（梶田，2010；田中，2008；山崎，2016）。

4. さまざまな評価方法とその特性

学校で使われている評価方法（テスト類）には，さまざまなものがある。最近注目されてきているのに「ポートフォリオ」がある。**ポートフォリオ**というのは，①学習の成果としての作品や学習のプロセスを示す作業メモ，②子どもの自己評価，③教師による指導と記録などを，継続的に収集したもののことである。ポートフォリオに収められた収集物に基づいて，教師や子どもが，子どもの成長を評価する方法が，ポートフォリオ評価法である（岸本，2021）。

ここでは，標準テスト，教師作成テスト，質問紙法，問答法，観察記録法，レポート法，製作物法の特性について述べる。

最初の標準テストというのは，大学入学共通テストのように，検査実施時の受験者に対する教示の仕方や問題の提示法，採点法などが厳密に規定されたテストのことである。学力調査のテストもそうである（西岡，2021）。

表8-2は，評価方法ごとに診断的（事前的）評価・形成的評価・総括的評価のどれに適しているかを示したものである。ただし，先に述べたように，診断的評価をする場合，ふつう，授業冒頭の教師の発問により確認される。つまり，問答法が簡便さの観点から，最も実行可能性が高い。

また，表は，テストによってはそれが子どもを評価するだけでなく，子ども

表 8-2　評価方法の目的・意味（梶田，2010 一部改変）

目的と意味／評価方法	教師にとって			子どもにとって	
	事前的評価	形成的評価	総括的評価	学習過程	被評価過程
標準テスト	○		○		○
教師作成テスト	○	○	○		○
質問紙法	○	○	○	○	○
問答法	○	○	○	(○)	(○)
観察記録法		○	○	(○)	
レポート法	○		○	○	○
製作物法		(○)	○	○	○

注）○印は，その目的あるいは意味で用いうることを示す。

の学習行為ともなることを示している。たとえば，レポートは教師にとっては評価手段だが，子どもにとって，レポート作成行為は学習でもある。

表 8-3 は，評価方法ごとに，興味・関心，知識・理解，思考力・論理力，態度，技能のおのおののどの点を評価するのに適しているかを示したものである。

表 8-4 は，評価の客観性と実態把握の深さという対立する 2 つの点から，それぞれの評価方法が，どちらに適しているかを示したものである。

表 8-5 は，上の表 8-4 で見た評価方法の短所を，是正する方法を示したものである。

表 8-3　評価方法と適する評価側面（梶田，2010）

評価側面／評価方法	興味・関心	知識・理解	思考力論理力	態度	技能
標準テスト		◎	○	○	
教師作成テスト		◎	○	○	
質問紙法	◎			○	
問答法	◎	◎	◎	○	
観察記録法	◎	○	○	○	◎
レポート法	○	○	◎	◎	○
製作物法	◎			○	○

注）◎印はその評価側面にふさわしい評価方法を，○印は評価可能な評価方法を表す。

表 8-4　評価方法の特質（梶田，2010）

特質 評価方法	実態把握の深さ	評価の客観性
標準テスト	×	○
教師作成テスト	×	○
質問紙法		○
問答法	○	
観察記録法	○	×
レポート法	○	×
製作物法	○	×

注）○印はその点に関し優れていることを，×印は劣っていることを表す。

表 8-5　評価方法の短所の是正法（梶田，2010）

評価方法	短所是正方向	具体的方法例
標準テスト	深い把握	・正答・誤答のパターンから実態を構造的に把握できるよう質問構成の構造化を工夫する。 ・分節化した論文体テストなどを加味する。
教師作成テスト	深い把握	（上に同じ）
質問紙法	（深い把握）	・解答パターンから実態を構造的に把握できるよう質問構成の構造化を工夫する。 ・内容分析の枠組みを準備し，自由記述をさせる。
問答法	（客観性）	問題の配列法，正答・誤答の基準をはっきりさせておく。
観察記録法	客観性	観察の要点と評価の基準を明確にする。
レポート法	客観性	評価の観点と基準を明確にしておく。
製作物法	客観性	（上に同じ）

5. 指導要録と観点別評価

学校には，指導要録というものがある。これは，児童生徒の学習状況や健康状況などを記録した書類の原本である。指導要録は，学校教育法施行規則第 24 条によって，すべての学校に対してその作成が義務づけられている。そして同 28 条によって，「様式 1：学籍に関する記録」は 20 年間，それ以外の「様式 2：指導に関する記録」は 5 年間，その保存が義務づけられている。

指導要録が，学校における教育評価を事実上定めているといえる。そして，一般に，指導要録は，外部に対する証明の原簿としての性格（対外証明機能）と，教育指導のための記録簿としての性格（教育評価機能）という二重の性格（機能）をもっている（山崎，2016）。

表 8-6 は，中学校指導要録の「様式 2：指導に関する記録」の一部である。ただし，これは文部科学省が示している参考様式である。具体的な様式の決定権は，学校の設置者（公立学校なら市町村教育委員会）にある（梶田，2010）。

かつては相対評価であったが，2001（平成 13）年版から，観点ごとに，「目標に準拠した評価」をすることになった。2019（令和元）年版から「知識・技能」「思考・判断・表現」「主体的に学習に取り組む態度」の 3 つの観点で評価されることになった。

「**目標に準拠した評価**」とは，教育目標そのものを規準とする評価の立場である。複雑なのは「規準」と「基準」という 2 つの「キジュン」があることである。「**規準**（criterion）」とは，「目標に準拠した評価」で教育評価を行うことであり，「**基準**（standard）」とは，教師が実際に評価を行うときの具体的指標である。ある目標（「規準」）について，これがこういうかたちでできていれば A，ここまでであれば B というように，目標に対する達成の程度を示すのが「基準」である（若林，2021）。学校現場では「規準」を「ノリジュン」，「基準」を「モトジュン」と区別しているようである。

6. 例題について考えてみよう

例題の「問い」は，指導要録の「各教科の学習の記録」のうち，観点別評価の欄と「評定」の欄の関係である。

観点別評価から評定をつくることを「総括」と呼んでいるが，その一番簡単なやり方は，A，B，C を 3，2，1 と点数化し，3 つの観点の平均を求め，それから評定をつくることである。ただし，観点別評価は年に何回か行うから，それらからまず年間の観点別評価をつくる必要がある。そのためには，前もって何点から何点までを，たとえば平均 2.5 以上を A にするとか決めておかなければならない。

それから評定をつくる。すぐ思い浮かぶのは，平均を取って 5 段階をつくる

表 8-6　指導要録（中学校，「指導に関する記録」部分の一部）（文部科学省，2019）

様式２（指導に関する記録）

生徒氏名	学校名	区分＼学年	1	2	3
		学級			
		整理番号			

各教科の学習の記録

教科	観点＼学年	1	2	3
国語	知識・技能			
	思考・判断・表現			
	主体的に学習に取り組む態度			
	評定			
社会	知識・技能			
	思考・判断・表現			
	主体的に学習に取り組む態度			
	評定			
数学	知識・技能			
	思考・判断・表現			
	主体的に学習に取り組む態度			
	評定			
理科	知識・技能			
	思考・判断・表現			
	主体的に学習に取り組む態度			
	評定			
音楽	知識・技能			
	思考・判断・表現			
	主体的に学習に取り組む態度			
	評定			
美術	知識・技能			
	思考・判断・表現			
	主体的に学習に取り組む態度			
	評定			
保健体育	知識・技能			
	思考・判断・表現			
	主体的に学習に取り組む態度			
	評定			
技術・家庭	知識・技能			
	思考・判断・表現			
	主体的に学習に取り組む態度			
	評定			
外国語	知識・技能			
	思考・判断・表現			
	主体的に学習に取り組む態度			
	評定			

教科	観点＼学年	1	2	3
	知識・技能			
	思考・判断・表現			
	主体的に学習に取り組む態度			
	評定			

特別の教科　道徳

学年	学習状況及び道徳性に係る成長の様子
1	
2	
3	

総合的な学習の時間の記録

学年	学習活動	観点	評価
1			
2			
3			

特別活動の記録

内容	観点＼学年	1	2	3
学級活動				
生徒会活動				
学校行事				

ことである。ここでも前もって，何点から何点までを5にするとか決めておかなければならない。単純平均でなく，ある観点に重みをつけた加重平均という考え方もある。

上で述べたのは，年間の観点別評価を作成してから評定をつくるやり方であるが，学期ごとに評定をつくるやり方もある。観点別評価から評定をつくる「総括」の仕方は決まっているわけではない。各学校において定めることになっている（国立教育政策研究所，2020）。

発展図書案内

Gould, S. J.（1996）. *The mismeasure of man. Revised and Expanded.* New York : W. W. Norton.（鈴木善次・森脇靖子（訳）（2008）．人間の測りまちがい　上・下　河出書房新社）

→知能の測定をめぐる問題が論じられている。因子分析についてわかりやすく説明されており，スピアマンの一般知能についても論じられている。

梶田叡一（2010）．教育評価〔第2版補訂2版〕　有斐閣

田中耕治（2008）．教育評価　岩波書店

田中耕治（編）（2021）．よくわかる教育評価〔第3版〕　ミネルヴァ書房

→梶田叡一（2010）と田中耕治（2008）は，教育評価についての代表的なテキストである。田中耕治（編）（2021）は，項目ごとに書かれていて調べるのに便利であり，記述分量も2ページ程度にまとめられている。

引用文献

Gardner, H.（1999）. *Intelligence reframed: Multiple intelligences for the 21st century.* Basic Books.（松村暢隆（訳）（2001）．MI：個性を生かす多重知能の理論　新曜社）

Goleman, D. P.（1995）. *Emotional intelligence: Why it can matter more than IQ.* Bantam Books.（土屋京子（訳）（1996）．EQ：こころの知能指数　講談社）

梶田叡一（2010）．教育評価〔第2版補訂2版〕　有斐閣

岸本　実（2021）．ポートフォリオ評価法　田中耕治（編）　よくわかる教育評価〔第3版〕　ミネルヴァ書房　pp. 124-125.

国立教育政策研究所（2020）．「指導と評価の一体化」のための学習評価に関する参考資料　中学校　理科〈https://www.nier.go.jp/kaihatsu/pdf/hyouka/r020326_mid_rika.pdf〉．この参考資料は各校種，各教科で作成されている。

文部科学省（2019）．指導要録（参考様式）〈https://www.mext.go.jp/component/b_menu

/nc/__icsFiles/afieldfile/2019/04/09/1415206_2.pdf〉
森則夫・杉山登志郎・岩田泰秀（編）(2014)．臨床家のためのDSM－5虎の巻　日本評論社
中井久夫（2001）．訳者あとがき　パトナム　解離―若年期における病理と治療　みすず書房　pp.459-471.
西岡加名恵（2021）．学力調査　田中耕治（編）　よくわかる教育評価〔第3版〕　ミネルヴァ書房　pp. 208-211.
田中耕治（2008）．教育評価　岩波書店
若林身歌（2021）．評価規準と評価基準　田中耕治（編）　よくわかる教育評価〔第3版〕　ミネルヴァ書房　pp. 26-27.
山崎準二（編）(2016)．新版 教育の課程・方法・評価　梓出版社
吉村　功（1984）．平均 順位 偏差値　岩波書店

コラム 8　PISA と DeSeCo

OECD（経済協力開発機構）の「生徒の学習到達度調査」（PISA〈ピザ〉）は，3 年に 1 回実施されている。そこでは「読解力」「数学的リテラシー」「科学的リテラシー」の 3 分野にわたって，高校 1 年生の学力（リテラシー）の状況が調べられている。

OECD のなかには DeSeCo（コンピテンシーの定義と選択）というプロジェクトがあり，PISA 調査の土台となる「学力モデル」を与えている。そこでは行為類型論の観点から，人間の能力（コンピテンシー）を大きく 3 つのカテゴリーに区分している。第 1 は，道具を使って他者と交流すること。第 2 は，異質な他者同士のなかで，直接他者と交流すること。そして第 3 に，自律的な行動である。この区分によれば，PISA 調査の 3 つのリテラシーは，すべて第 1 コンピテンシー「道具使用」に含まれる。「読解力」と「数学的リテラシー」はシンボル（言語・記号）という道具の使用であり，「科学的リテラシー」は知識・情報という道具の使用である。

第 2 コンピテンシーのなかには「他人とよい関係をつくる」や「協力してチームで働く」などがある。第 3 コンピテンシーには「社会的ルールや社会的組織など大きな視野のもとに活動すること」や「自らの権利などを擁護し主張すること」などが入っている。これらの能力については，PISA では調査されていないが，人間が生きていくうえで重要な行為能力であることはまちがいない。現代社会のあり方から見て，学校は，当然，これらの能力を形成していくことも期待されている。

9章
適応への理解と支援
不登校・非行から考える

例　題

中学１年生のＥは，入学当初は欠席も少なく，特に問題があるようには見えなかった。しかし二学期，文化祭を前に登校をしぶるようになり，遅刻や学校に来ても入れないことがあった。保護者は理由がわからず，登校するよう厳しく接していた。

担任は，Ｅと面談を行い理由をたずねたが，「特に理由はないけれど，なんとなく学校に行く気になれない」と答えるのみで原因ははっきりせず，そのうちに欠席が増えるようになった。

担任は，管理職に相談するとともに，保護者に連絡を入れ了解を得たうえで家庭訪問を行った。しかし訪問してもＥは自室から出てこようとせず，早く学校に行ってほしいと焦る保護者の姿勢もあり，訪問を拒み，保護者の問いかけにも応じなくなっていった。

管理職は，教育相談担当教諭（教育相談コーディネーター）や養護教諭，スクールカウンセラー（SC）などと情報共有し担任とともに対応を協議した。養護教諭からは，Ｅがクラスでの友人関係を気にする様子が見られたとの情報があった。そして管理職の助言により担任は養護教諭，SCとも相談しながら対応を進めることになった。

問　い

・欠席が続くＥに対し，担任としてあなたは，どのような姿勢で，どのように対応・支援していけばよいだろうか。

キーワード：不登校，非行，チームとしての学校，守秘義務

1. 不登校への理解

[1] 不登校の現状

不登校児童生徒とは,「何らかの心理的, 情緒的, 身体的あるいは社会的要因・背景により, 登校しないあるいはしたくともできない状況にあるために年間 30 日以上欠席した者のうち病気や経済的な理由による者を除いたもの」(文部科学省, 2003) をいう。

2020 年（令和 2 年度）には不登校児童生徒の数が全国で約 19 万 6 千人と過去最多を更新し, 直近 5 年程は増加率も高い。小学校では約 100 人に 1 人, 中学校では 24 人に 1 人の割合で不登校の子どもたちがいることになる（図 9-1, 文部科学省, 2021 a)。また,「年間 30 日以上欠席」という定義には満たないものの欠席しがちな状況にある子どもたちがいることも忘れてはならない。

学年別には, 学年が上がるに従いその数が増えるのが特徴で, とりわけ小学校 6 年生から中学校 1 年生の間に約 1.8 倍と大きく増加している。中学校という新たな環境への適応の問題, いわゆる「中 1 ギャップ」との関係も指摘される一方, 課題は小学校から見られていることも多く継続した支援が必要との見方もある。不登校児童生徒の約 55% は年間 90 日以上欠席しており, 長期化, 低年齢化の傾向が示されている。

図 9-1　不登校児童生徒数の推移（文部科学省, 2021 a)

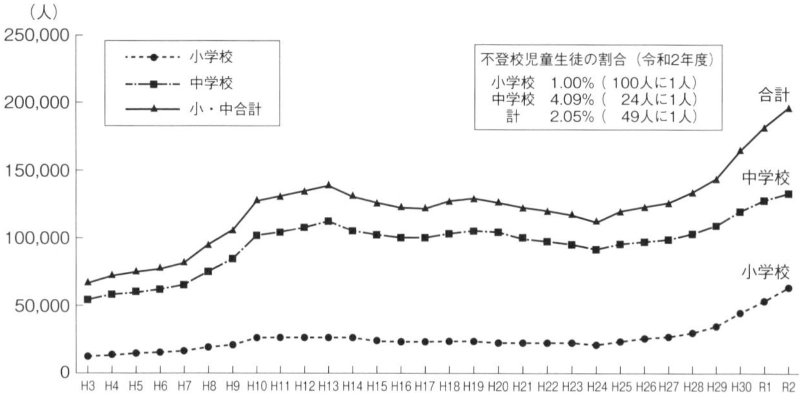

[2] 不登校の捉え方とその変遷

不登校の捉え方は時代とともに変化してきた。ジョンソンら（Johnson et al., 1941）は，心理的な問題で学校に行けない子どもを「学校恐怖症」とした。その後日本では1960年代後半より「登校拒否」という語が一般的になった。これは個人の問題という捉え方から，学校や教育の問題，特に高度経済成長期に激化してきた受験体制の影響などによる不適応の問題との見方を示したものである。

その後も不登校の子どもの数は増え続け，背景も多様化するに伴い，1990年代より「単に学校に行っていないという状態を示す語」として「不登校」の語が使用されるようになった。文部省（当時）は，不登校は「特定の子どもに特有の問題があることによっておこる」ものでなく「どの子どもにも起こりうる」との見方を示し（文部省，1992），不登校を社会全体の問題として捉え，学校での支援の充実のみならず「学校に行かない生き方」も含めた支援が行われるきっかけとなった。その一環として適応指導教室（教育支援センター）の充実が図られることとなった。1990年代は強い登校刺激を避け「見守る」姿勢が主であったが，2000年代に入り「社会的自立」を目指し適切な「働きかけ」を行う方向に転換され，またさまざまな対策が打ち出された。

2016年「義務教育の段階における普通教育に相当する教育の機会の確保等に関する法律（教育機会確保法）」が公布された（文部科学省，2016）。不登校児童生徒等の教育機会の確保をねらいとするとともに，「不登校というだけで問題行動と受け取られないような配慮」を求めている。すなわち不登校の捉え方は社会の変化に伴い変わり，「不登校は問題行動ではない」との見方を明確にしたものといえる。一方このことは不登校の子どもへの学校復帰を含めた支援を弱めるものではない。一人一人の最適な学びを目指し学校内外含めた支援のさらなる充実を目指すものである（伊藤，2022）。

[3] 不登校の原因・背景

①不登校のきっかけ

不登校はどのようなきっかけで起きるのだろうか。不登校の中学生を対象とした調査（文部科学省，2021 b）では，「最初に学校に行きづらいと感じ始めたきっかけ（複数回答）」は，「身体の不調（33%）」，「勉強がわからない（28%）」，「先生のこと（28%）」，「友達のこと（いやがらせやいじめがあった）（25%）」，「友達のこと（いやがらせなど以外）（25%）」などとなっている。この結果から，不登校のきっかけは多様なこと，ただし友達との関係をはじめ学校生活に起因する割合が高いことがわかる。一方「きっかけが何か自分でもよくわからない（22%）」場合も一定の割合であること，また原因は一つでなく複数が複雑に関連している場合も多いことに注意が必要である。

また「最初のきっかけとは別の学校に行きづらくなる理由（複数回答）」では，「勉強がわからない（42%）」，「生活リズムの乱れ（35%）」などの割合が高く，たとえ他の原因で不登校が始まったとしても，これらが不登校を長期化させる要因になりうることが推測され，生活習慣の維持や学習支援の大切さがうかがえる。

さらに「学校を休んでいる間の気持ち（複数回答）」については，「ほっとした，楽な気持ちだった（69%）」といった回答の一方「勉強の遅れに対する不安があった（74%）」など，安心と不安が入り混じり複雑な気持ちで過ごす子どもも多いことが考えられる。

②不登校の背景要因

不登校への対応を行う際には，上記のような直接のきっかけだけでなく，子どもが抱える課題や背景にも着目する必要がある。たとえば小澤（2021）は，3つの要因と2つの進行度合いを組み合わせ6つのタイプに分類している。要因は，

①心理的（本人）要因：本人の感受性の強さやこだわり，不安・緊張など
②教育的（学校）要因：学習や対人関係でのつまずきなど
③福祉的（家庭）要因：家庭に精神的あるいは経済的課題がある場合など

そして進行は「急性型（何かの出来事をきっかけに急に不登校が始まる）」，「慢性型（日ごろから休みがちで大きなきっかけもなく不登校になる）」の2つである。こうしたタイプ分けはそれぞれの子どもの見立てを助け，適切な対応につなげる視点をもたらす。

現在，学校は「チームとしての学校」（中央教育審議会，2015），すなわち教師は他の教職員（養護教論含む）や専門職，保護者等と協働して支援すること

が重視されている。要因に応じ専門職，たとえば心理的要因が強い場合にはSC（スクールカウンセラー），福祉的要因が関わる場合にはSSW（スクールソーシャルワーカー）の専門性は特に重要である。さらに必要に応じ学校外の専門機関とも連携しながら支援していく必要がある。

また長尾（2022）は，推測される原因別に「分離不安型（愛着の対象（母親等）から離れきれない不安）」，「過剰適応（良い子）型」，「評価懸念型（他者からの否定的な評価を恐れる）」，「発達障害」，「被虐待型」など9つに分類している。

特に最近では，発達障害や虐待，さらにいじめが背景にある場合も重視されている。発達障害の場合，そのことがただちに不登校につながるわけではなく，特性が周囲に十分理解されず，適切な支援が受けられない結果すなわち二次障害として起きる（10章3節参照）と考えられている。また虐待が背景にある場合には，児童相談所など関係機関への通告が義務付けられていることを念頭に置き，緊急性を判断しつつ対応する必要がある。さらに，いじめ（3章6節参照）が背景にある不登校の場合，いじめ防止対策推進法（2013年施行）では「重大事態」に位置づけられている。学校は組織を設置し，適切な対処（調査・報告等）を行うことが定められている。

[4] 不登校の経過と対応

不登校の子どもの経過と対応について，小澤（2021），杉本（2018）を参考に，「初期」，「中期」，「後期」と大きく3段階に分けてみていきたい。この経過通りではない場合もあるが，先の不登校のタイプを問わずたどる過程とされる。

①不登校初期…不安定・混乱期＝安定させる

頭痛・腹痛などの身体症状を訴えたり，攻撃的，無気力になるなど情緒的な不安定さが見られる。「学校に行きたくない」と訴えたり，葛藤を示す時期でもある。

対応として，まず心身の安定をめざす。学校は「理由のわからない欠席が3日」あれば初期対応を行うことが望ましい。身体症状がある場合は病気でないことを確認し，「学習面，心理・社会面，進路面，健康面」など多角的に情報を集めることで原因・背景だけでなく，本人の良い面や助けになる援助資源も把握できる。原因が特定できる場合は解消に向けて対応する一方，難しい場合は無理に原因探しをせず，今後の対応に目を向ける方がよいこともある。また，家庭では非難・干渉は控え見守りつつ，可能なかぎり友だちなど人のつながりは切らないようにすることが望ましい。

②不登校中期…膠着・安定期＝エネルギーを貯めさせる

一時的に無気力な状態となり，昼夜逆転したり，ゲームなどをしてだらだら過ごすこともある。学校だけでなく，保護者も本人とあまり話ができないこともある。学校の対応としては，保護者へのサポートを継続し，家庭を孤立させないことが大切となる。

その後次第に気力が回復し，活動の意欲がわいてきたら家での手伝いなどから友だちとのやりとりや習い事など，ルールは守りつつ自発的な行動ができるようにする。学校のことを気にし始めたら登校再開に向けて検討を始める。ただし焦らず，本人にとって良いあり方を検討することになる。

③不登校後期…回復・試行期＝活動への援助

登校や進学・就職などに向けて動きだせるようになり，また不登校の間のことを振り返ったり自分を肯定する言葉なども出るようになる。

保護者や教師は今後の活動へ向けた具体的な援助を行うが，本人の意思やペースを尊重することが大切である。自分で決めて行動することにより自己効力を高めることにもつながる。再登校の場合，学校は受け入れ態勢づくりを行う。遅れた学習への支援も大切であるが，無理せず徐々に慣れるようにする。また教育支援センター（適応指導教室）や，フリースクールなども選択肢となる。

いずれにしても新たな環境が「心の居場所」となり，軌道に乗るまで見守り支援することが望まれる。

［5］不登校のその後と支援に向けて

①支援の基本的な考え方

先述の教育機会確保法を受けこれまでの施策をまとめた「不登校児童生徒の支援の在り方について（通知）」（文部科学省，2019）では，支援の基本的な考え方を示しており，要点は以下のとおりである。

①支援の視点…不登校児童生徒への支援は「学校に登校する」という結果のみを目標とするものでない。児童生徒が社会的に自立することを目指すものである。児童生徒によっては不登校が積極的な意味をもつ一方，学業の遅れや進路選択上の不利益，社会的自立へのリスクが存在することに留意する。

②学校教育の意義・役割…学校関係者や家庭，必要に応じて関係機関が情報共有し，組織的・計画的に個々の児童生徒に応じた支援策を策定する。本人の希望を尊重したうえで，教育支援センターやICTを活用した学習支援，フリースクール，夜間中学等，民間施設やNPO等も含めて関係機関と連携し支援を行う。

ほか③不登校の理由に応じた働きかけや関わりの重要性，④家庭への支援などを挙げている。

②今後の支援に向けて

文部科学省（2021 b）によると，不登校の中学生のうち，学校に行きづらいことを相談できた相手は家族（45%）が多い一方，「誰にも相談しなかった」子どもも約4割にのぼる。さらに，不登校児童生徒で学校内外の機関で相談・支援を受けていない子どもは約35%となっている（文部科学省，2021 a)。

子どもが自分で相談を求めることが難しかったり，学校では相談しにくい，あるいは適当な相談先を見つけられないこともあろう。教師は日ごろから子どもの様子を捉え小さな変化に気づくこと，支援にあたっては一人で抱え込まず，学校内外の専門職・機関とチームで対応する意識をもつことが大切である。

その際の留意点として，秘密を守る義務（**守秘義務**）がある。生徒に関する情報はプライバシーに関わるものであり，生徒がその教師を信頼してこそ語る内容もあるため，当然その守秘に細心の注意を払う必要がある。ただし子どもの安全や支援のために必要な場合は個人の守秘義務から，チームでの守秘義務と捉えなおし，連携する他の教職員と情報共有しながら対応することもある。

不登校への対応は早期支援や未然防止の視点も重要である。不登校の子どもの約半数は学校を休みたいと感じてから1か月から半年程度で休み始めており（文部科学省，2021 b)，時期を逃さない支援で欠席の長期化を防げる可能性がある。さらに，すべての子どもに対し不登校にならないような魅力ある学校づくりが求められている。そのためにまず子ども一人一人が学習内容をしっかりと身につけ，いじめや暴力のない安心して過ごせる環境づくりが基盤となる（文部科学省，2019）。

2. 非行への理解

[1] 非行の現状

少年法第3条では，①14歳以上20歳未満の犯罪少年，②14歳未満の触法少年，③20歳未満のぐ犯少年の3つを非行少年としている。①は家庭裁判所で審判に付され（書類のみ送られ審判に付されない場合もある），保護処分やなかには刑事処分を受けることがある。また②14歳未満は刑事責任を問うことができず，児童相談所に通告される。③は家出，深夜徘徊など犯罪行為は犯していないものの，家・保護者のもとに帰らなかったり犯罪性のあるような人・場所に関わったりするなど，放置すれば犯罪行為に発展する恐れのあるものをいう。

また少年法上の非行には該当しないが，飲酒，喫煙，深夜徘徊などを不良行為と呼び補導の対象となる。なお，民法上の成人年齢が20歳から18歳に引き下げられたことに伴う改正少年法（2022年4月施行）では，少年法の適用年齢は20歳未満を維持しつつ18歳，19歳を「特定少年」とし，全件を家庭裁判所に送致する一方，逆送（家庭裁判所から検察官に送致）の対象等で17歳以下とは異なる扱いがされる。

刑法犯少年の検挙人員は約1万7千人（2020年）であり減少が続いている。しかし，同年齢層の人口1,000人当たりの検挙人員は2.6人で，成人（1.6人）と比べ1.6倍と引き続き高い水準にあることに注意が必要である（図9-2，内閣府，2021）。種別で最も多いのは窃盗であり，半数以上を占める。また触法少年（14歳未満）は13歳が最も多いものの，12歳以下の割合が増えていることが最近の特徴である（内閣府，2021）。

学校での生徒指導上は，法律上の非行に限らず，学校や集団でのルールに背くといった非行的態度も含めて非行とする（前田，1999）。たとえば中学生を中心として①暴力行為（生徒間，対人，対教師等），②器物破損，③いじめ

図 9-2　刑法犯少年の検挙人員および人口比（内閣府，2021）

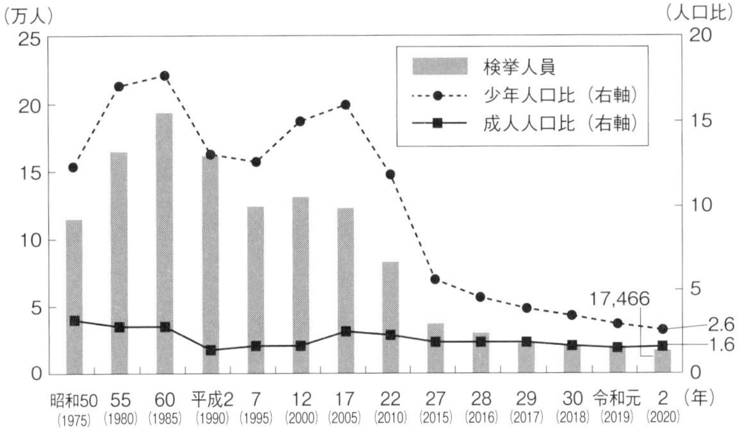

図 9-3　学校内外における暴力行為発生件数の推移（文部科学省，2021 a）

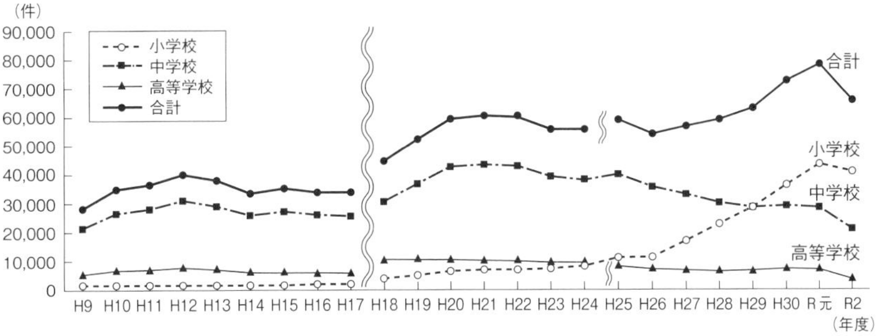

（ネット上のいじめを含む），④ネット上のトラブル，⑤窃盗・万引き等，⑥家出・プチ家出，⑦性非行および性犯罪被害，⑧薬物乱用，⑨自殺（含む未遂）などが挙げられる。

児童生徒による学校内外での暴力行為は約 6 万 6 千件（2020）で，児童生徒1000 人あたりの発生件数は 5.1 件，前年度から減少しているが新型コロナウィルス感染症による学校生活への影響を考慮すると高い水準にあるといえる。また中学校，高等学校では減少傾向にあるものの，小学校での増加が目立っている（文部科学省，2021 a）（図 9-3）。さらに，家庭内暴力はこの 10 年増加しているが，特に小学生の増加が指摘されている（法務省，2021）。

校内暴力，家庭内暴力の増加に見られるように，小学生による暴力行為件数の増加は最近の非行の特徴の一つである。その背景として，感情のコントロールや，考えや気持ちを言葉で伝えるコミュニケーションなど対人スキルの低下が指摘されている（文部科学省，2011）。また，最近の特徴としてインターネットの影響が挙げられる。いわゆる「ネットいじめ」（3章6節参照）は，インターネットの匿名性により，より深刻で表面化しにくいものとなりやすい。また，顔の見えない相手と接触することにより特殊詐欺に加担したり，薬物や性犯罪につながる情報に接触しやすくなる。そして対面コミュニケーションの機会の減少は対人スキルの低下に深く関わると考えられる。

[2] 非行に見られる心の危機と課題

小学校高学年から始まる第二次性徴に伴う思春期は，まさに非行が起きやすい時期と重なる。身体の変化・急速な発達にやや遅れて心理的な発達，いわゆるエリクソン（Erikson, E. H.）のいう青年期の発達課題，アイデンティティの確立に向けて自立と依存の間を揺れ動く（4章3節参照）。心身の発達の間のギャップ，心理的には理想と現実のはざまで不安が多く，自らの感情を知りコントロールすることが難しい時期である。

親との関係では，親からの自立を目指しつつ依存と反発が混在する第二反抗期（4章1節参照）を迎える。その不安な時期により大切になるのが「友だち」であり，ギャング・グループ，チャム・グループ（3章3節参照）といった仲間関係の発達は青年期の心理的発達に重要な意味をもつ。しかしときにはそれが「非行グループ」になり，一緒に悪いことをすることで強い仲間感覚をもち，時には他の子どもがしていないことをする優越感を感じることで，この時期の不安を一時的にでも晴らそうとするのである。エリクソンのいう**否定的同一性（アイデンティティ）**（4章3節参照）である。

一方，先にも触れたとおり最近では，対人スキルの低下やインターネットの普及等により，集団としての非行グループの形成および屋外での非行は減少し，代わりに家庭内やネット上でのトラブルが目立ちかつ低年齢化していることが指摘されている。

こうした最近の状況の背景として挙げられるのが，発達障害や虐待を受けた子どもたちである。ただしこうした子どもたちが，必ずしも問題行動に至るわけではない。不登校の背景としても取り上げたとおり二次障害として生じるものである。さらに，近年関心が寄せられているのが「境界知能」の可能性のある子どもである。IQ が 71～84 でおよそ人口の 14% を占めるとされているが，普段は課題が目立たず，支援が必要でないと誤解されやすい。一方，困ったときなどに課題が顕在化しやすい（宮口，2019）。

境界知能，発達障害，虐待を受けた子どもに共通する特徴として，以下の点が挙げられる。

・認知機能の弱さ（例：見る・聞く・想像する・計画を立てる等が苦手）
・感情コントロールの弱さ（例：感情の適切な表現・コントロールが苦手）
・融通の利かなさ（例：思いつきで行動する，被害的になる）
・不適切な自己評価（例：自分の問題点がわからない）
・対人スキルの乏しさ（例：嫌なことを断れない，助けを求められない）

さらにその基盤には「自信のなさ」，すなわち自尊感情の低さ（4 章 1 節参照）がある。こうした課題は小学生段階から見られるとされ，学校で「困った子」とみなされることもあるが，本当は「困っている子」なのである。二次障害としての非行に至らぬ前，早期の段階からの適切な理解・支援が求められている。

[3] 非行への対応・指導

暴力行為等の問題行動が起きた場合には，学校・教師は事件そのものの対応にとどまらず，問題を起こした子どものその後の適応と，自らが事件を反省し社会のきまりを守ろうとする態度を身に着けるよう指導することが大切である。

教師は子どもに対し，暴力行為が許されないという毅然とした態度をとる一方，一方的な叱責ではなく，本人の存在を肯定的に受けとめつつ，本人の課題や行動の背景を十分に理解したうえで支援する必要がある。特に教師はじめ関わる大人は子どもにとって①「安心の土台」になること，すなわち不安や不快に気づき，困っているときに助けてくれる存在であること，②「伴走者」すなわち頑張らせるのでなく，一定の距離感をもって静かに見守り「承認」を与えること，そして③チャレンジできる環境を提供することなどが求められている

(宮口, 2021)。

なお, 非行への対応としてときに処罰が問題となるが, 少年の非行にはそれまでの生育環境など本人の意思を超えた要因が関係していることも多いため, 子どもの健全な育成という視点から家庭・学校・地域での生活を見直し支援することも必要である。

生徒の抱えるストレスやコミュニケーションの問題については,「ストレスマネジメント教育」によりストレスへの対処法を学んだり,「ソーシャルスキルトレーニング」(3章5節参照) で自分の思いを相手に伝えるなどの社会性を学ぶことが有効である。また, 性教育や喫煙・飲酒の防止教育, 薬物乱用防止指導など, 予防という観点からすべての児童生徒が発達段階に応じてこれらを学べる体制が必要となる。

さらに担任は, すべての子どもたちと日常の関係を大切にしながら, 一人一人が自尊感情をもち, 自己存在感を感じられる学級づくりをすることが大切である。そのことが生徒の変化を早く捉え, 早期発見あるいは予防につながる。また学校では日ごろから校内での生徒指導の方針や体制を確認し, 保護者や関係機関, さらに地域と信頼・協力関係を築くことも重要である。

非行の場合, 関わる公的な機関は, 司法分野では家庭裁判所, 少年鑑別所, 警察 (少年サポートセンター) 等, 福祉分野では児童相談所, 児童養護施設等, 医療分野では病院, 保健所等, さらに民生・児童委員, 保護司等多岐にわたる。教師・学校は日ごろから連携する機関・職種の役割を知り, 顔の見える関係を作っておくことも大切である。

教師と子どもの信頼関係を深めつつ学校の体制を整えることは児童生徒の学習環境を改善し, すべての不適応・問題行動の改善にも通じるものといえる。

3. 例題について考えてみよう

例題は中学1年生の事例である。Eは, 小学校のときにも友だちとのささいなトラブルから登校しぶりが見られたことがあり, その情報は中学へも届いていた。このように小学校から中学校, 場合によっては中学校から高校へ情報交換・連携することは重要である。そして, 中学校の担任は入学後早い段階で本人と関係性をつくり，様子を注意深く観察しておくことが必要だったのである。担任も入学当初関心を向けてはいたが，E が特に問題なく学校になじんでいたように見受けられたことから，E の様子や気持ちの変化を捉えきれていなかったと思われる。

その後担任は，保護者とやりとりをするなかで，保護者の心配や動揺に寄り添いながら信頼関係を深めた。そして担任のすすめを受けて保護者は定期的にスクールカウンセラー（SC）と面接をするようになった。保護者の気持ちが落ち着くにつれて E も徐々に面接に一緒に来るようになった。SC との面接のなかで E は，友だちの言葉をきっかけにクラスの皆から嫌われていると思いこんでいたこと，しかしそれは思いこみであったことなどに気づいていった。思春期に入り他者からの視線に敏感になり不安が高まりやすくなることとも関係しているだろう。

最初は相談室，その後徐々に他の生徒も出入りする保健室へと面接場所を移し，養護教諭も様子を見守った。この間担任は情報共有し，様子を見ながら少しずつ保健室で友だちと会う機会をつくったり，保護者とも相談しながら課題を出すなど学習面・生活面の支援を行った。特に E が得意な教科の課題をきちんと行えたことを認め，E は自信をつけていった。

3 学期になったのを契機にクラスに戻ろうとするが，そのプレッシャーから登校しぶりが始まった。しかし担任は「無理せずにいこう」と声をかけ，保健室で気持ちを整えることなどにより再度意欲をもち始めた。担任はクラスの受け入れ準備をし，ある日友だちの迎えをきっかけに教室に戻ったのである。

この例では半年ほどでクラスに戻ったが，実際にはその期間もさまざまであり，また学校外の機関に通うこともある。担任として大切なのは，生徒・保護者と積極的かつ受容的に関わり，長い目で支えようとする姿勢をもつこと，さらに一人で解決しようとするのでなく，チームとして役割を担いながら子どもを支えることである。また日ごろからすべての子どもにとって居心地のよい学校・クラスづくりも意識したい。

発展図書案内

伊藤美奈子（編著）(2022). 不登校の理解と支援のためのハンドブック―多様な学びの場を保障するために―　ミネルヴァ書房

→発達段階に応じて不登校の特徴を示すとともに，教育機会確保法の方針を踏まえ，多職種連携の立場からさまざまな場における支援がまとめられている。

石橋昭良（2018）．非行・問題行動と初期支援－早期解決につながる見立てと対応－　学事出版株式会社

→思春期に起こりがちな非行・問題行動の特徴と支援について，問題の初期に関わることの多い学校関係者などに向けてポイントをわかりやすく解説した一冊である。

引用文献

中央教育審議会（2015）．チームとしての学校の在り方と今後の改善方策について（答申）〈https://www.mext.go.jp/b_menu/shingi/chukyo/chukyo 0/toushin/_icsFiles/afieldfile/2016/02/05/1365657_00.pdf〉

法務省（2021）．令和3年版　犯罪白書〈https://hakusyo 1.moj.go.jp/jp/68/nfm/mokuji.html〉

伊藤美奈子（編著）(2022)．不登校の理解と支援のためのハンドブック―多様な学びの場を保障するために―　ミネルヴァ書房

Johnson, A. M., Falstein, E. I., Szurek, S. A., & Svendsen, M. (1941). School phobia. *American Journal of Orthopsychiatry, 11*, 702-711.

前田基成（1999）．非行と反社会的行動　前田基成・沢宮容子・庄司一子　生徒指導と学校カウンセリングの心理学　八千代出版　pp. 105-122.

宮口幸治（2019）．ケーキの切れない非行少年たち　新潮社

宮口幸治（2021）．どうしても頑張れない人たち―ケーキの切れない非行少年たち2　新潮社

文部科学省（2003）．今後の不登校への対応の在り方について（報告）〈http://warp.ndl.go.jp/info:ndljp/pid/286794/www.mext.go.jp/b_menu/public/2003/03041134.htm#02〉

文部科学省（2011）．暴力行為のない学校づくりについて〈www.mext.go.jp/b_menu/shingi/chousa/shotou/079/houkou/1310369.htm〉

文部科学省（2016）．義務教育の段階における普通教育に相当する教育の機会の確保等に関する法律の公布について（通知）〈https://www.mext.go.jp/a_menu/shotou/seitoshidou/1380952.htm〉

文部科学省（2019）．不登校児童生徒への支援の在り方について（通知）〈https://www.mext.go.jp/a_menu/shotou/seitoshidou/1422155.htm〉

文部科学省（2021 a）．令和2年度 児童生徒の問題行動・不登校等生徒指導上の諸課題に関する調査結果について〈https://www.mext.go.jp/content/20211007-mxt_jidou 01-

100002753_1.pdf〉
文部科学省（2021 b）. 不登校児童生徒の実態把握に関する調査報告書〈https://www.mext.go.jp/content/20211006-mxt_jidou 02-000018318_03.pdf〉
文部省（1992）. 登校拒否問題への対応について（通知）〈http://www.mext.go.jp/b_menu/hakusho/nc/t 19920924001/t 19920924001.html〉
長尾博（2022）．ケースで学ぶ不登校　金子書房
内閣府（2021）．令和 3 年版　子供・若者白書〈https://www 8.cao.go.jp/youth/suisin/hakusho.html〉
小澤美代子（監修）（2021）．やさしくナビゲート！不登校への標準対応　ほんの森出版社
杉本希映（2018）．教育相談で知っておくべき子どもの問題と対応　渡辺弥生・西山久子（編著）　生徒指導と教育相談　北樹出版　pp. 68-72.

コラム 9　不登校児童生徒の社会的自立を目指した支援とは

学校に行けないことを，単なる「怠け」や「我儘」と捉えた途端，本人の傷つきや問題が見えなくなる。もちろん，本人自身がそれを語り，周囲が対応することですぐ登校復帰をすることができることもある。しかし，それが難しく，理由がわからないまま，回復するまでに長い時間がかかることが多い。

本人が安全と感じられる環境が確保され，充分な休養をとることができた後，本人ができること（創作活動，別室登校，フリースクールに通うこと等）を，始めようとする機会がやってくることがある。そこで直接的または間接的に人と関わり，他者に認められる体験をすると，自信を回復し表情が変わっていくものである。ただ，その時がいつくるのかわからないため，本人も家族も不安や焦りを抱えることになる。

2019年10月に文部科学省は「不登校児童生徒への支援は，『学校に登校する』という結果のみを目標にするのではなく，児童生徒が自らの進路を主体的に捉えて，社会的に自立することを目指す必要があること」と不登校支援の基本的指針を通知した。

本人の主体性や自発性を支えることは，その回復や成長に欠かせないものである。それでは何を具体的に目指すべきか？であるが，その子ども本人の興味関心や個性，そして，健康状態を加味し，本人の意思を汲みながら，その時々で検討していくことが必要となる。一般的な学校のカリキュラムを履修するよりも，本人が大人になるうえで役立つ知識やスキルを厳選し学習する必要もあるかもしれない。そのため家庭だけで抱え込むのではなく，学校そして医療機関や相談機関と繋がりながら，支援を進めていくことが望ましいのである。

10章
特別支援教育と発達障害

例　題

小学校低学年のＦは授業中もじもじと手遊びをし，椅子をガタガタさせ，そのうちに座っていられなくなり立ち歩いてしまっていた。このため先生から注意を何度も受けていた。高学年になると席を離れて歩き回ることはしなくなったのだが，授業中他の子どもが指名されたにもかかわらず，「知ってるよ」としゃべり出してしまう。先生に他の人の発言を邪魔してはいけないと繰り返し叱られてしまう。

友だちとの関係では思いどおりにならないとカッとなり，しばしば手を出し暴言をはいてしまう。このため，周囲の子どもたちは「Ｆは乱暴で怖い」と敬遠するようになってきた。冷静になってから話を聴くと，本人なりの怒りの理由はあり，暴力や暴言を行ったことに対しては自分の非を認めることができる。ただ，なかなかうまく衝動的な行動をコントロールできずにいる。

学習面では知的な遅れは見られない。文字を読むことは得意ではないが，それ以上に文字を書くことに苦手意識があり，黒板をノートに写しても写し終わらない，その結果宿題を記録できず，やらないで終わることがしばしばある。ノートに書いた文字は罫線を大きくはみ出し，自分でも読めないことがある。

問　い

Ｆが抱えている問題とはどのようなものなのだろうか。Ｆ本人，保護者，クラスメイトに対して，教師はどのように支援を考えていけばよいのだろうか。

キーワード：インクルーシブ教育，合理的配慮と環境整備，通級による指導，
自立活動，個別の教育支援計画，個別の指導計画，
特別支援教育コーディネーター，発達障害

1. インクルーシブ教育時代における特別支援教育

[1] 障害のある子どもの教育と制度

生活環境や社会の変化のなかで現代の子どもたち一人一人の教育的ニーズが多様化し，学校ではこれに的確に応える教育と支援が求められている。通常の学級にも障害のある子どもや母国語・貧困の問題などにより特別の教育的ニーズのある子どもたちが在籍している。本章では特に障害に焦点をあて，障害のある子どもの教育支援の基本的な考え方を理解する。

2006 年に国連において「障害者の権利に関する条約」が採択され，翌年日本は同条約に署名し，障害のある子どもを特別な場で教育を行う「特殊教育」から，子ども一人一人の教育的ニーズに応じた支援を行う「特別支援教育」へと発展的転換が行われた。また 2016 年に「障害者差別解消法」が施行され，**インクルーシブ教育**システム[1] の構築を目指して障害のある子どもの自立と社会参加をめざす制度の改正が行われてきている（文部科学省，2021）。

[2] 障害の捉え方と早期からの一貫した教育支援

2001 年に世界保健機関（WHO）が採択した「**国際生活機能分類（ICF）**」では障害のあるなしは固定的なものではなく，支援の在り方を含む環境の因子と個人の因子（ライフスタイル等）とが相互に影響を与えるとする（図 10-1）。健康状態は「心身機能・身体構造」「活動」「参加」の 3 次元から捉えられるが，疾病のような「心身機能・身体構造」だけで規定されるものではない（厚生労働省，2002）。たとえば環境因子としての社会への「参加」機会が保障されないために，その人がもつ機能を積極的に使用する「活動」機会が奪われ，「心身機能・身体構造」の低下を招く。それゆえ，つねに支援の在り方との関係のなかで障害を捉えようとするものであり，特別支援教育の基盤となる障害の捉え方でもある。

学校教育においては，障害のある子どもの自立と社会参加を見据えて，一人

1　障害者が精神的及び身体的な能力等を可能な最大限まで発達させ，自由な社会に効果的に参加することを可能とするとの目的の下，障害のある者と障害のない者が共に学ぶ仕組み（文部科学省，2012 a）。

図 10-1　国際生活機能分類（ICF 2001）（厚生労働省 HP を参照して作成）

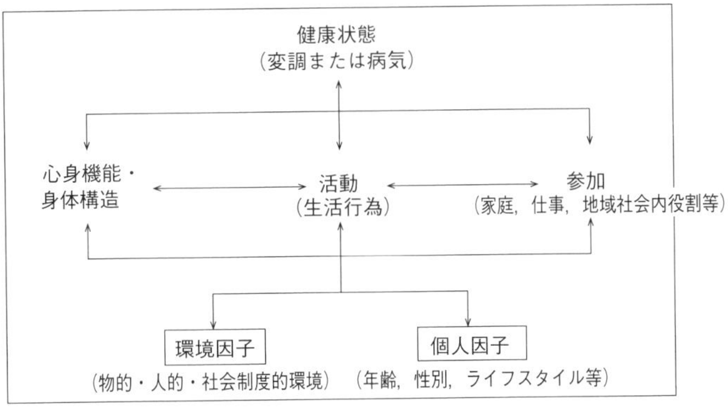

一人の教育的ニーズに応える連続性，柔軟性のある学びの場の充実が求められている。障害のある子どもが一般的な教育制度から排除されることなく，可能な限り障害のない子どもと同じ場で学ぶ機会を保障するため，必要な**合理的配慮と環境整備**を行うことが目指される。しかし，一人一人の教育的なニーズに応えるために，ある段階のある子どもにとっては特別支援学校，特別支援学級での学びがより適切な学びの場となることを否定するものではない。

障害のある子どもについては，早期から乳幼児健診や就学前の教育相談，療育支援が行われている。学校は家庭や関係機関と連携して支援を継続し，子どもにとっての一貫した教育支援を目指すとともに，子どもの教育的ニーズの変化に応じて支援の内容や教育の場を選択し直す，柔軟な対応を行うことを求められている（文部科学省，2021）。

2. 学校における特別支援教育の仕組み

[1] 多様な学びの場の提供と特別の教育課程（自立活動）

①特別支援教育を受ける児童生徒数

特別支援教育の開始に伴い，通常学級においても障害のある生徒への支援が位置づけられた。特別支援学校・特別支援学級[2]は子どもの教育的ニーズに応

2　教師 1 人に対して児童・生徒が数人となっている。特別支援学級は通常の学校に併設されており，特別支援学校はさらに少人数のクラス編成で独立して設置されている。

図10-2　多様な学びの場で特別支援教育を受ける児童生徒の増加状況
（文科省（2022 a）より簡略化して作成）

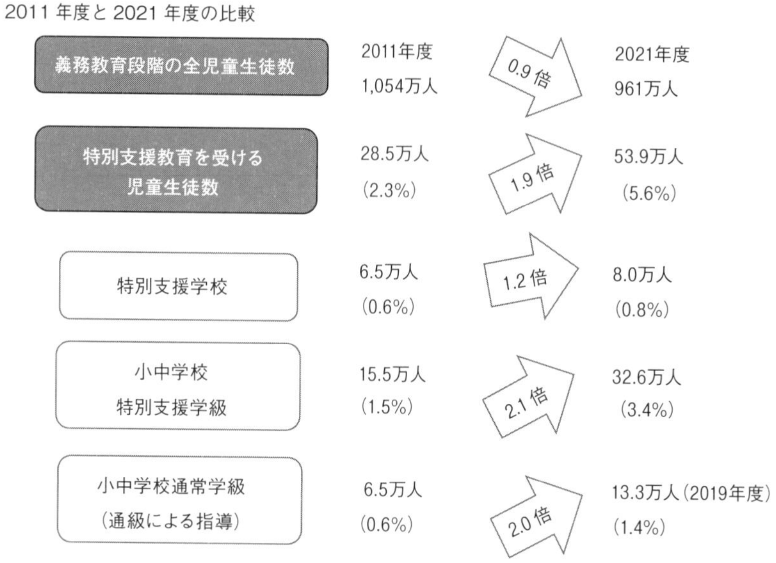

じて特別の教育課程（自立活動）を実施している。通常の学級に在籍する子どもであっても，通級による指導を受けることによりその障害の特性を理解した補充指導を受けることができる。こうした多様な学びの場で特別支援教育を受ける児童生徒数は，2011年度から2021年度の10年間で約2倍に増大している（図10-2）。障害のある子ども一人一人の教育的ニーズに丁寧に教育支援が提供されていると考えることができるが，一方で特別支援学校・特別支援学級と通常学級の間で双方向での学びの場の変更ができること，交流教育および共同学習の発展などをより推進していくことが求められている。

②通級による指導

通級による指導とは，通常学級に在籍する子どもが受ける取り出し指導であり，障害・特性に応じた特別の指導を週に数時間程度受けるものである。1993年より，小中学校の通常の学級に在籍する比較的軽度の障害がある子ども（言語障害，情緒障害，弱視，難聴）を対象とし，2006年からは学習障害，注意欠如・多動性障害，自閉症スペクトラム障害の子どもが指導の対象に加わった。

通級による指導は障害の状態に応じた「自立活動」と「教科の補充指導」からなる。自校で受ける場合と近隣の通級指導教室に通う場合とがあり，自治体により体制は異なる。小学校では広く普及し，中学校では地域により普及に差異がある。さらに通級による指導を受ける中学校生徒の増加を踏まえ，高等学校における通級による指導も開始されることとなった（文部科学省，2016）

③自立活動

個々の障害による学習面・生活面での困難を改善するための指導で，個別指導や少人数指導で行われる。**自立活動**は6領域（健康の保持，心理的な安定，人間関係の形成，環境の把握，身体の動き，コミュニケーション）からなり，子どもの状態に応じて個別的に編成される。たとえば，自閉症の子どもに対して構造化された環境（環境の把握）により学習への集中を図り，安心できる対人関係のなかで（心理的な安定）主体的に行動できるよう促す活動（ゲームなどコミュニケーション活動）を行うなどである。

自立活動で身につけた力が，子どもの生活全般でも発揮できるようになることが教育的な目標である。特定の場でだけ，特定の相手との間でだけ成立することでは真に子どもの力になっているとはいえない。

④個別の教育支援計画と個別の指導計画

障害のある子どもの自立を生涯にわたり一貫して支援していくために，**個別の教育支援計画**が必要となる。学校，医療，保健，福祉，保護者等の関係者が連携を図りつつ乳幼児期から学校卒業後まで長期的視点に立って，子どもの障害に関わる情報を共有し，教育的ニーズを整理し，支援目標や合理的配慮等支援内容を定期的に見直していく。

個別の教育支援計画に基づき学校において，障害のある子どもの学習上・生活上のニーズを明確にし，支援の具体的手立てとその経過を把握する**個別の指導計画**を作成する。これにより，一人一人の自立活動が編成される。

個別の教育支援計画・指導計画の作成は通級による指導，特別支援学級，特別支援学校においては必須であるが，通常学級のみに通う気になる子どもについては努力義務となっている。

[2] 特別支援教育コーディネーターと関係機関・保護者との連携

①特別支援教育コーディネーターと校内委員会

各学校において**特別支援教育コーディネーター**に任命された教員は校内の特別支援教育に関わる支援の要となり，必要に応じて**校内委員会**の開催を調整し，チームでの支援の展開を支えていく（図 10-3）。継続的な支援の経過のなかで，校内委員会は定期的に子どもの発達状況と支援・取り組みの評価・見直しを行う。

特別支援教育コーディネーターが子ども支援・保護者支援を過剰に抱え込むことは望ましいことではなく，研修の企画等を通して，学校の教職員全体の特別支援教育対応力を高める調整役となることが期待される。

②関係機関，保護者との連携

障害のある子どもの支援のために，特別支援教育コーディネーターを中心として学校が保護者や外部の関係機関（巡回相談員，専門家チームほか）と連携していくことが必要となる。特別支援教育のセンター的機能をもつ地域の特別

図 10-3　校内での特別な支援に至る流れの例（文科省（2010）を参考に作成）

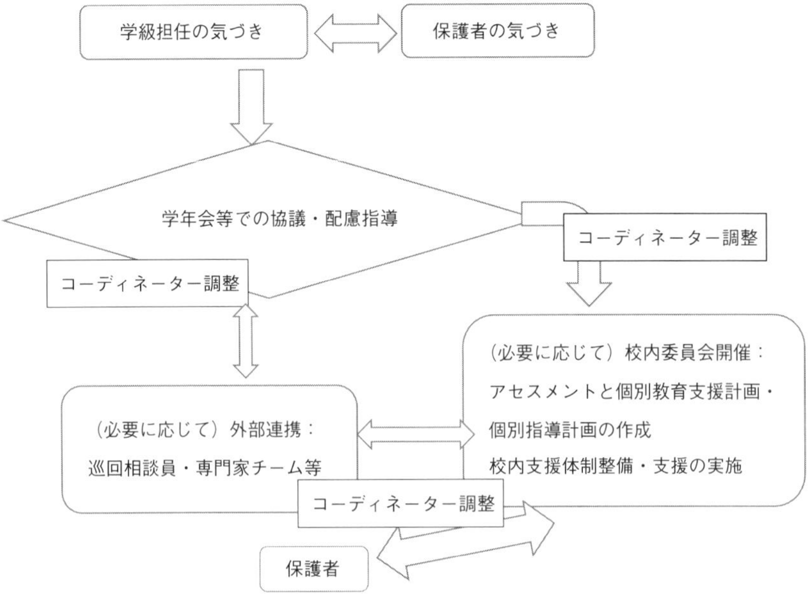

支援学校は小中学校の重要な相談機関の一つである。専門家によるアセスメントや助言を踏まえて，個別の指導計画を立て，校内の支援体制を整える（少人数指導やティームティーチング，通級による指導の活用，ボランティア等支援員の配置）。

特別支援教育コーディネーターは子どもの発達に不安を抱える保護者の心理的な支えとなり，学校と家庭が情報を共有して共通の支援目標のもと協力しあうことが重要である。

3. 発達障害のある子どもの理解

[1] 発達障害の捉え方

全国の公立小中学校対象の調査によれば，通常の学級において特別な支援を必要とする児童生徒の割合は2012年には6.5%（文部科学省，2012 b），2022年には8.8%と報告されている（文部科学省，2022 b）。知的な遅れを伴わなくても発達的な偏りで学校生活に苦戦する子どもは各クラスにいる。知的な遅れがなければその言動の偏りが理解されにくく，子どもの性格や家庭教育の問題と誤解されやすい。まずは発達障害の子どもを捉える基本的視点をおさえる。

第1に，**発達障害**は脳機能上の障害であって育て方の問題から生ずるものではない。しかし脳機能上の特性自体は変わらなくとも，周囲の関わり方で子どもの状態像は大きく変わる。それゆえ日常的な生活場面での適切な支援が重要となる。

第2に，発達障害は重なりあうことが多い。さらに成長とともに子ども自身の主たる困り感が変化し，診断名が変わることもある。たとえば幼児期に注意欠如・多動性障害と診断された子どもが，学童期以降対人関係面の課題が前面に出て自閉症スペクトラム障害と診断されるなど。学校段階では医学的診断はないが発達障害を念頭に置いた連続的な支援を要する子どもは少なくない。それゆえ障害名だけにとらわれることなく，個々の子どもの状態像から特性と背景の要因を見極めることが求められる。

第3に，脳の器質的特性からくる一次障害（例：字がゆがんで見え，読むことが苦痛）と二次障害を分けて理解することである。**一次障害**に対しては学校でできる適切な支援の工夫が必要である。**二次障害**とはそもそも予防可能な問題である。一次障害に対する周囲の理解がなく子どもにあった対応が欠如するなかで，発達障害のある子どもが学習や対人関係で自信を失い，不適応行動を生じる状態が二次障害である。激しいパニックや対人的なトラブル，抑うつなどの精神症状を単に障害のせいと捉えるのではなく，家庭や学校の対応の在り方から捉えることが必要となる。

[2] 発達障害のある子どもの特性

日本では一般的に発達障害は以下の3つの障害（①～③）として把握される。同じ障害名であっても状態像の個人差は大きく，表面的にはまったく異なることもある。見えにくい発達上の特性を捉える目安として特徴を挙げる。

さらに知的障害も発達上の障害であり[3]，通常の学級には境界知能（概ね IQ 70～84）の子どもたちがいて学校生活で苦労していることを忘れてはならない。

①自閉症スペクトラム障害（ASD：Autism Spectrum Disorder）

社会的コミュニケーションの障害と強いこだわりなど常同的・限定的な行動を示す。感覚的な過敏さと鈍感さから，通常の生活の刺激に大きな不安を抱えやすい。知的障害を伴う子どもと知的な遅れのない子どもがいる。知的な遅れのないASDの子どもの場合，他者の気持ちを把握したり，暗黙の対人関係ルールがわからないなどから，通常学級での対人関係トラブルや孤立に巻き込まれやすい。

②注意欠如・多動性障害（ADHD：Attention-Deficit/Hyperactivity Disorder）

落ち着きのなさや衝動性のコントロールができないタイプだけでなく，気が散りやすくて注意力散漫な不注意優勢タイプがある。自分の感情をコントロールする力が弱く，授業中の立ち歩きや集中できずに飛び出したりすることがある。カッとなって手を出し対人関係のトラブルになることも多い。不注意優勢タイプの子どもは対人的なトラブルが少ないために見過ごされやすいが，注意力散漫で大事なことを聞いていない・忘れてしまう，片付けられないなど生活面の困難が重なり成長とともに問題が顕在化しやすい。

3　アメリカ精神医学会の診断・統計マニュアルDSM-5によれば，知的障害は「神経発達症群」（発達障害にあたる）に含まれる。

③学習障害（LD：Learning Disorder）

全般的な知的発達に遅れはないが，聞く，話す，読む，書く，計算する又は推論する能力のうち特定のものの習得と使用に著しい困難を示す。勉強不足や家庭環境要因からくる学習の遅れと区別がつきにくく，子ども自身も困難に気づいていないことから把握されにくい。ADHD や ASD を重複することは少なくなく，これらの障害が前面に把握されて LD への対応が不十分となることが起きるので注意が必要である。

④知的障害

同年齢の子どもと比べて，認知や言語など知的機能の発達に明らかな遅れがあり，コミュニケーション，社会参加，自立した生活など適応行動における困難がある。知的機能のみで判断されるものではないが概ね IQ 70 未満の子どもが多い。言語や概念の学習において抽象的な事柄になるほど獲得が難しくなり，学習したことが断片的になりやすく，実際の生活場面で活かすことが難しい。生活場面に即した具体的で継続的な学習が必要となる。

通常学級にいる境界知能にあたる子どもたちは，知的障害の子どもの抱える困難とほぼ同様の課題を抱えている。

4. 発達障害のある子どもの通常学級における支援

［1］支援の原則

①アセスメントの重視

障害のある子どもの支援の基盤となる**アセスメント**は，障害特性の的確な把握と，子どもを取り巻く環境要因（教室環境，友だち関係，家族関係など）と特性の相互作用で生じている状態像を分析的に把握することである。心理検査（知能検査など）や行動観察・記録，生育歴を含めた家庭からの情報等を総合して包括的に評価する。

たとえば「学習に取り組もうとしない」という状態の背景には何があるのかを分析し，「感覚過敏がある（感覚特性）」「ワーキングメモリの弱さがある（知的特性）」「ざわついた落ち着かない学級である（学級環境）」「教師は複数の内容を１度に指示している（教師対応の要因）」などといった情報を明らかにすることで，問題を改善する方向性を見出すことができる。

②合理的配慮と基礎的環境整備

合理的配慮とは，障害のある子どもが他の子どもと平等に教育を受ける権利を保障するために学校が必要かつ適当な調整（過度の負担を課さないもの）を行うことである。具体的にはアセスメントを踏まえて，本人・保護者と話しあいながら，障害のある子どもが学習しやすい，生活しやすい環境を整えることである。個別の特性を補う教材・教具等による支援の配慮だけではなく，班構成などの人間関係の配慮など，状態像に応じた環境調整を行う。

③教師としての許容範囲を広げた対応の工夫

障害のある子どもの特性を理解したうえで，その子どもにとって負荷となっている行動をある程度教師が受け入れることが必要である。他の子どもと同様の行動をただ強制することは教師と子どもの関係性を悪化させる恐れがある。ただし，なし崩しでやりたい放題となるのは当該の子どもにとっても学級運営にとってもマイナスである。一定のルールを設けて障害のある子どもが楽になるような対応を工夫したい。たとえば，立ち歩いてしまうADHDのある子どもに対して，集中が切れる前に，教師の手伝い（例：プリント配付）として教室内を歩くことを認めるなど。他の子どもにとっても受け入れやすい役割やルールの工夫を考えたい。

④達成感ある活動・学習の準備

学級のなかで子どもが自尊感情を低めてしまうような状況を作らないことは必須である（例：読字障害があるのに指名して長文の音読をさせる）。そのうえで，子どもの特性に応じた配慮を行うことで，子ども自身がわかって動ける，主体性をもって取り組みやすい学習と生活場面を作り出す。自分に自信を失いがちな発達障害のある子どもが，自分に合った目標を立て達成する喜びを通して，自分に対する自信を回復していくことが大切である。

[2] 学習面における支援のポイント

①学習環境の整備

発達障害がある場合，感覚過敏で雑多な刺激に苦痛を感じたり，集中できなくなることが多い。黒板周りの掲示物を無くして授業に集中しやすくし，教師が個別に声かけでき気が散りにくい座席位置とする，などの環境整備を工夫する。

感情の混乱や興奮が高まったときのために，クールダウンのコーナーや別室を設定しておき，子どもが自ら感情を落ち着けるために活用できるようにする。

②わかりやすい指示と視覚情報等の活用

ワーキングメモリ（2章2節，5章2節参照）に弱さがある子どもの場合，口頭指示だけでは覚えられない，複数の内容を一度に指示されて混乱するといったことが生起する。このため一度の指示はできるだけ単一にする（例：「○頁を読んでから△の問題をノートに書く」ではなく，「○頁を読む」その後に「△の問題をノートに書く」と分けて指示）。図や写真等視覚情報の提示，明確な授業目標の提示，スケジュール提示などにより，子どもが学習活動の見通しをもてるよう工夫する。

学習環境の整備やわかりやすい指示は，障害のある子どもにとってだけではなくすべての子どもにとって有益な支援となる。

子どもが授業の状況を読めず，一方的に自分の知識を披露することで授業が中断するようなときは，授業時の発言ルールを明示化し，子どもの専門知識を披露できる発表タイムを別に設定するなどの工夫をしてみる。

③個別の特性に応じた教材・教具・学習方法の工夫

上記の基礎的な環境整備に加えて，個々の子どもの詳細なアセスメントに基づき，子どもの困り感を補う教材・教具・学習方法の工夫を行う。同じ読字障害（LD）であったとしてもその困り感は個々の子どもで異なる。子どもに応じて，文字を拡大する，読む文以外の刺激情報を遮断するスリット付きシートの利用，PC の読み上げ機能などの ICT 活用といった補助学習ツールを工夫する。

通級による指導を受けている場合，個別指導での効果的な教材・教具・学習方法を可能な範囲で通常学級においても応用する。通級指導と通常学級の教師が密に連携して子どもを支援していく。

④思春期以降の留意点

中学校は教科担当制になるために，学習面でのルールは教師によって大きく異なる。どの子どもにとっても学習システムの変化は戸惑いを起こしやすいが，発達障害のある子どもにとって教科に応じて柔軟にルール対応することは一段と困難を増す。自立の入り口に立つ思春期ということもあって困ったときに自ら支援を求めづらくなることもあり，周囲が気づいたときには問題が複雑化し二次障害を引き起こしているリスクは高まる。

一方で，教科担当制は日常的に多くの目で生徒を捉えやすいシステムである。教員同士が情報共有しながら，発達障害のある子どもに対して個別の支援を工夫すること，学年・学校全体で支援体制を組むことが重要である。

[3] 社会性，集団生活における支援のポイント

①遊びや活動のルール，仕事の手順の明示化

発達障害のある子どもは，ルールや順番を守れないため自分勝手な子どもと見られてしまうことがある。大人からは叱責を受け，友だちからは一緒に遊びたくないと思われ，孤立してしまいかねない。実はワーキングメモリの弱さからルールをすぐ忘れてしまう，状況をきちんと見ていないために他の子どもが並んでいることに気づかずに入り込み結果的に「割り込み」となるなど，周囲に悪意や故意の行動と誤解されやすいのである。

悪意ではないことを理解したうえで，子どもに状況に気づかせ取るべき行動を取るよう伝える。失敗しやすい場面を把握して，行動する前にルールの確認を繰り返し，適切な行動をとったときにしっかり認めていく。声かけだけではなく，ルールや手順を視覚情報として提示することがよりわかりやすい支援となる。

②衝動的な行動のコントロール

自分の感情を抑えられず，衝動的に手を出し友だちとトラブルになることは多い。衝動性をコントロールする脳機能レベルの弱さがあるのであり，わかりにくくても何らかの理由があって手を出してしまうのである。大人は暴力は認めないことを子どもに毅然として伝え，相手に謝罪させることが必要である。子どもの興奮が収まり謝罪させた後で，本人の話を丁寧に聴き取り気持ちを受け止め，どうすればよかったかを一緒に考えていく。子ども自身乱暴してしまったことを後悔し自己否定感を強めていることもあるので，これからの対応に気持ちを向けさせていく。子ども自身が振り返りを通して自己の衝動性傾向

を自覚して，突発的な対人トラブルを回避するための方法を具体的に考えることが重要である（例：その場を離れる，行動する前に数を数えるクセをつける）。

③仲間関係への配慮

発達障害のある子どもの言動は周囲の子どもに理解しづらく，時にからかいやいじめの対象とされることがある。いじめや排斥は子どもの心を傷つけ，周囲に対する被害感情を生み，その認知を歪める。それが他者への過剰防衛の攻撃行動につながり，あるいは不登校などにつながる。こうした二次障害を防ぐために，発達障害のある子どもに寄り添ってくれるクラスメイトとの関係づくりに配慮したい。学級全体に対して，一人一人の違いはあって当たり前であること，相互の違いを受容するおおらかさについて考えさせこれを醸成していきたい。

中学生になると興味やおしゃべりで同調するチャムグループを形成しやすい（3 章 4 節参照）。発達障害のある子どもはこうした関係形成に困難を感じることが多いが，自己否定的に捉えるのではなく，班や係活動で誰とでも関係を築けることが大切だと考えられるように伝えていきたい（渡辺，2012）。

④学級・集団の中での活躍場面をつくる

発達障害があるからといっていつも配慮を受けるばかりの存在ではなく，その子どもならではの長所を引き出し，学級の中で活躍する場面を作り出す。適性を考慮して係を決める，場合によってはその子どもの特性を活かした特別な係を新設することがあって良い。

こうした子どもたちは認知的な偏りがある一方，特定の領域に深い関心を寄せ非常に優れた知識をもち，あるいは他の子どもと異なるユニークな観点で物事を捉えていることがある。教師は子どものユニークさを柔軟に拾い上げ，学級全体で注目し考える機会としたい。学級の中でその子なりに認められる場面があることで，子どもは学級に居場所感を得る。発達障害のあるなしにかかわらず，その子どもの持ち味が友だちに受け入れられていくことが子どもの社会性の育ちを促す。

[4] キャリア教育，自己理解のための支援

思春期は精神的な葛藤が大きくなる時期であり，友だち関係でのトラブルや孤立による自尊感情の傷つきから発達障害のある子どもが二次障害を引き起こすリスクは大きくなる。こうした子どもの自立に向けた成長のためには，周囲の理解はもとより，子ども自身が自己を客観的に捉え，長所・得意と苦手なところを把握し受け入れることが鍵となる。客観的な自己理解の上に，現実的な将来像としての自分の姿を描けるようになりたい。そのためには，教師やスクールカウンセラーとの面談などを通して，自分自身や友だちとの関係を振り返り考える機会を作っていくことが重要である。

発達障害のある子どもの状態像は，成長とともにその様相が変化していく。たとえば，小学校低学年で離席や教室飛び出しといった多動・衝動性の目立った子どもが，思春期には飛び出しなどは収まり着席しているようになる。ただし関心や思考が次々に移りやすい思考面での転導性が続くことは多く，より見えにくい形で個別の支援ニーズが潜行するともいわれる。入学などの移行期には，配慮を整えるための学校間の協力が重要である。また中学生段階という新たな生活に入り，小学生段階で受けた通級による指導を受けずに学校生活を送りたいと考える生徒・保護者もいる。このため，子どもと保護者の気持ちを尊重しながら，学校は通常学級での学習と生活がスムーズに進むような配慮をより意識的に整える必要がある。通級指導を取りやめるにあたっては，何か課題が生じたときに気軽に相談するよう教師やスクールカウンセラーとの日常的関わりと信頼関係を深めておくことが求められる。

5. 例題について考えてみよう

Ｆには衝動性のコントロールと読み書きに関する困難がある。学校としては保護者と相談のうえ，専門機関でのアセスメントにつなぎ，それを踏まえた支援計画を立て，必要に応じて通級による指導を利用することが望ましい。そのためには保護者との信頼関係が不可欠であり，日ごろの教師の関わり方が重要になる。

第１に，立ち歩きや一方的な発言を繰り返し叱責することには注意が必要で

ある。単に「よくない行動」として叱責すると，他の子どももＦを「叱られる悪い子」とみなし，Ｆも「自分はダメな子」と思ってしまう。実は注意されてもすぐ忘れてしまい（ワーキングメモリの弱さが疑われる），同じ失敗を繰り返している可能性が高い。教室でのルールを視覚情報等で明示し，授業開始前に確認し，約束を守れたときにしっかり承認していく。また雑然とした教室環境，トラブルになりやすい子どもと座席が近いなど，Ｆが落ち着きにくい教室環境になっていはしないか，点検が必要である。

第２に，衝動的な行動による対人トラブルに関しては，危険な行為から引き離し，次の点を踏まえて対応する。

・手を出した行為に対しては謝罪をさせる。
・双方の子どもが冷静になってからそれぞれ理由を聞き取る。相手側に非があっても暴力は許されないことを教える。
・暴力・暴言ではなく，どのように対応すればよかったかを教師と一緒に考えあう。カッとなったとき，どうしたら気持ちをコントロールできるか，本人も納得する方法を考え練習してみる。
・上記の方法をＦなりに用いようとした場面を評価し，うまく気持ちを抑えられたときにしっかりとほめていく。

第３に，読み書きのなかでも特に書字の困難が大きいので，教師は本児の困り感を聴き取り，ノートをとる際の工夫を一緒に考えたい。穴埋め形式のプリントを配付しノートの代わりに記入させる，宿題はプリント配付する，など。タブレット利用など周囲の子どもとの対応の違いがある場合は，周囲に説明をしたうえで，本人が堂々とタブレットを使用できるようにしていく。書く苦手さから「自分は勉強ができない」といった自己否定感をもたせないようにしていきたい。

そして，Ｆの良さを生かす役割場面を考え，Ｆが役立ち感，居場所感を感じられるような学級づくりを心がける。

発展図書案内

上野一彦・月森久江（2010）．発達障害のある子へのサポート実例集　小学校編　ナツ

メ社

→発達障害のある子どもが小学校の教室で困難を抱える具体的場面を，図解を含めて取り上げ解説している。教師の理解の視点と実際の支援・対応方法を学ぶことができる。シリーズで中学校編，幼稚園・保育園編がある。

西本絹子・古屋喜美代・常田秀子（2018）．子どもの臨床発達心理学　未来への育ちにつなげる理論と支援　萌文書林

→基礎研究を踏まえて教育実践における課題に向きあう力をつけることを意図して構成されている。発達障害を軸に，いじめや虐待等の現代の社会的問題も含めて，子どもの育ちを発達の視点から理解し支援するための書である。

引用文献

厚生労働省（2002）．「国際生活機能分類－国際障害分類改訂版－」（日本語版）の厚生労働省ホームページ掲載について〈https://www.mhlw.go.jp/houdou/2002/08/h0805-1.html〉

文部科学省（2010）．特別支援教育について〈https://www.mext.go.jp/a_menu/shotou/tokubetu/material/1298167.htm〉

文部科学省（2012a）．共生社会の形成に向けたインクルーシブ教育システム構築のための特別支援教育の推進（報告）概要〈http://www.mext.go.jp/b_menu/shingi/chukyo/chukyo3/044/attach/1321668.htm〉

文部科学省（2012b）．通常の学級に在籍する発達障害の可能性のある特別な教育的支援を必要とする児童生徒に関する調査結果について〈https://www.mext.go.jp/a_menu/shotou/tokubetu/material/__icsFiles/afieldfile/2012/12/10/1328729_01.pdf〉

文部科学省（2016）．高等学校における通級による指導の導入について〈https://www.mext.go.jp/component/a_menu/education/micro_detail/__icsFiles/afieldfile/2018/01/22/1400144_1.pdf〉

文部科学省（2021）．障害のある子供の教育支援の手引～子供たち一人一人の教育的ニーズを踏まえた学びの充実に向けて～

第1編　障害のある子供の教育支援の基本的な考え方〈https://www.mext.go.jp/content/20210629-mxt_tokubetu01-000016487_01.pdf〉

第3編　障害の状態等に応じた教育的対応〈https://www.mext.go.jp/content/20210629-mxt_tokubetu01-000016487_02.pdf〉

文部科学省（2022a）．特別支援教育の充実について〈https://www.mhlw.go.jp/content/000912090.pdf〉

文部科学省（2022b）．通常の学級に在籍する特別な教育的支援を必要とする児童生徒に関する調査結果について〈https://www.mext.go.jp/content/20221208-mext-tokubetu01-000026255_01.pdf〉

渡辺桂太郎（2012）．上野一彦監修　ケース別　発達障害のある子へのサポート実例集　中学校編　ナツメ社

コラム 10 特別支援教育における学校巡回相談

今日の学校教育においては，「障害者の権利に関する条約」（2014 年 1 月批准）により，障害のある子どもと障害のない子どもを区別することなく，排除せず，教育の機会を確保するインクルーシブ教育が推進されている。このインクルーシブ教育と共通するのが，特別支援教育の理念である。特別支援教育は，特別支援学校や特別支援学級に在籍する児童生徒だけでなく，通常学級に在籍する発達障害児の他，いじめ，虐待，不登校などの困難を抱える児童生徒を含み，障害の有無にかかわらず特別な配慮が必要なすべての児童生徒に対して，一人一人の教育的ニーズに応じた適切な対応を行うことをめざしている。

だが，多様な教育的ニーズに対して，特別な配慮が求められる学校現場では，どのように対応してよいかわからず，混乱していることも多い。担当の教師が一人で問題を抱えて悩んでいることも少なくないのが現状である。

こうした中，教育学，心理学，医学などの専門的知識をもつ相談員が学校を訪問し，教師や学校からの相談に応じる学校巡回相談が活用されてきた。学習状況や学校生活に関する情報，授業場面の観察などを通して，周囲の人を含めた環境との関係から児童生徒の抱える課題を明らかにし，支援内容・方法についてアドバイスを行う。また，教師が「一人で支援」するのではなく，学校全体が「チームで支援」できるよう，学校支援体制についてもアドバイスを行う。児童生徒や保護者から直接相談を受け対応することもあるが，学校巡回相談員の役割は，教師や学校への支援を中心としており，いわば「教師のサポーター」ともいえるだろう。

11章
キャリア発達とその支援
キャリア教育に向けて

例　題

将来に不安を感じる若者は多い。内閣府（2014）の国際比較調査では，「あなたは自分の将来について明るい希望を持っていますか」の問に対し，肯定的な回答をした割合は約６割であり，諸外国が８割を超えているのと比べて希望をもてていない。特に働くことについては，「そもそも就職できるのか・仕事を続けられるのか」という問いに対し約７割の若者が「不安」と回答している（内閣府，2019）。

社会は急速に変化しており，これまでのように正社員として就職しそのまま定年まで勤めあげるとは限らない。また子どもたちの65％は将来，いまは存在していない職業に就くとの予測もある（中央教育審議会，2011）。こうした状況を考えると将来に不安を感じるのもうなずける。先を見通しにくい将来に向けて教師は，子どもたちが未来を切り拓く力を，進路選択の一時期だけでなく長いスパンで育むことが必要ではないだろうか。

問　い

将来や働くことへの不安を抱える子どもたちに対し，教師は子どもたちにどのような力を，またどのように身につけていくよう支援していけばよいだろうか。答えでは一つではない。ただ，大切なヒントがこれまで本書で紹介した理論のなかにある。本書を振り返りながら考えてみよう。

キーワード：キャリア，キャリア発達，キャリア教育，社会的・職業的自立
キーパーソン：スーパー，エリクソン，バンデュラ

1. キャリアとは

[1] キャリアとキャリア発達

自分は卒業後にどのような進路を選ぶのか，将来どのような職業に就くのか，そしてどのような社会人になるのか，青年期においては大きな関心事であり課題であろう。従来わが国の学校教育において，職業（進路）選択への支援は職業（進路）指導ないし職業（進路）相談として，選択時点における支援を主眼に行われていた。しかし近年学校から職業（社会）への移行（school to work）の問題は職業・進路選択を含みつつ，より広くかつ長期にわたる発達の観点すなわちキャリア発達として捉えるようになった。

キャリア（career）は，キャリアセンター，キャリアアップなどの語に表されるように，仕事・職業を示す語として使われることが多い。一方時代や場面により多様に用いられてきた語でもある。語源は中世ラテン語の「車道」を起源とし，英語で競馬場や競技場のコースやトラック（行路，足跡）を意味するものであり，そこから人がたどる行路やその足跡，経歴などを意味する語となった。そして時代や社会の変化に伴い，特定の職業や組織での働き方にとどまらずより広く「働くこととのかかわりを通しての個人の体験のつながりとしての生き様」を指すようになった。さらに働くことだけでなく，家庭や地域における役割など社会におけるさまざまな役割を含めて捉えるようになってきた。すなわちキャリアとは，「人が，生涯の中で様々な役割を果たす過程で，自らの役割の価値や自分との役割との関係を見出していく連なりや積み重ね」である（文部科学省，2011）。言い換えれば狭い意味での職業・職務を含みつつ広い意味で個人が社会におけるさまざまな役割を通してつくる「自分らしい生き方」といえるだろう。

さらに**キャリア発達**とは，「社会の中で自分の役割を果たしながら，自分らしい生き方を実現していく過程」であり，自己の知的，身体的，情緒的，社会的な特徴を一人一人の生き方として統合していく過程ともいえる（文部科学省，2011）。

社会との関係のなかで自分を捉え，自分をコントロールし方向づけていくこと，すなわち自己理解と自己統制の積み重ねは，生涯にわたって続くキャリア発達のプロセスである。そして働くこと（役割を果たすこと）のなかで自分を活かし，社会の一員として主体的に生きていく力は，ある年齢に達したからといって自然に身につくものでなくさまざまな経験を通して育成される（菊池，2012）。

したがってキャリア発達を促すには，外部からの組織的・体系的な働きかけが不可欠であり，学校教育では社会人・職業人として自立していくために必要な基盤となる能力や態度を育成することを通じて，一人一人の発達を促していくことが求められている（中央教育審議会，2011）。

[2] スーパーのライフ・キャリア・レインボー

スーパー（Super, D. E.）は，職業，職業以外も含めた人生の役割（ライフ・ロール）を生涯のそれぞれの時期に応じて果たしていくとしたキャリア発達の理論，life-span, life-space approach を提唱した。現在日本において展開されているキャリア教育は，スーパーの理論に基づくものである（菊池，2012）。

スーパー（Super et al., 1996）は一生涯にわたるキャリア発達を 5 つの段階（ライフ・スパン：「成長：4～14 歳」「探索：15～24 歳」「確立：25～44 歳」「維持：45～64 歳」「離脱：65 歳～」）を設定した。さらに人生における 6 つの役割（ライフ・スペース：「子ども」「学生」「余暇人」「市民」「労働者」「家庭人」）が年齢によってその重みを変えるさまを**ライフ・キャリア・レインボー**と呼ばれる図に表した（図 11-1）。人は複数の役割をもち，生涯においてその組み合わせを変化させていく。その時々でその人らしいバランスが取れることが大切なのであり，その人らしい生き方を表すものといえる。

スーパーの理論から，まず自分らしい生き方は，興味，態度などを含む個人の要因とその人が置かれた環境（より身近な家庭・学校などから広く社会までを含む）との関係のなかで方向づけられるものと捉えられる。さらに自分のキャリアを時間軸で捉え，たとえば現在自分がそれぞれの役割をどのように取り組み，どのように時間やエネルギーを使っているかを認識することで自分らしさを理解し，将来の役割や進路の選択を展望することにつなげることができる。また複数の役割の重みづけを考えることは，ワーク・ライフ・バランスの問題が重視される昨今，より意義ある視点をもたらせてくれるものといえる。

図 11-1　ライフ・キャリア・レインボー (Super et al., 1996；菊池，2008 を一部改変)

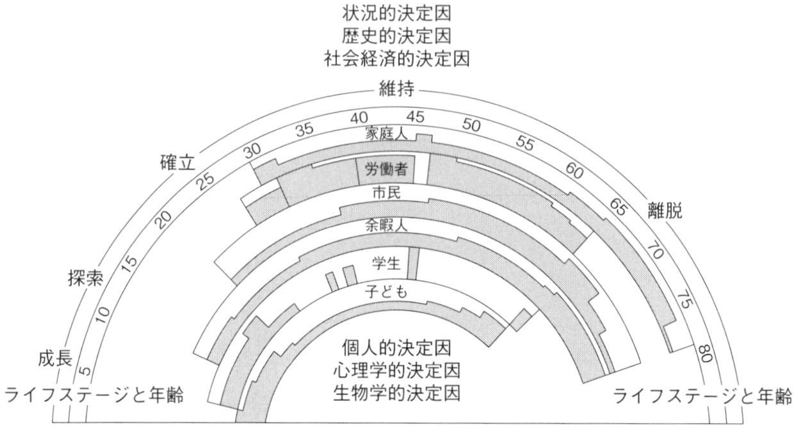

2. キャリア教育の目的と取り組み

[1] キャリア教育の目的と育む力

1999 年キャリア教育の文言が初めて公的に使用され，小学校段階から発達段階に応じたキャリア教育の必要性が提唱された。2006 年教育基本法改正では，第 2 条，教育の目標として「職業及び生活との関連を重視し，勤労を重んずる態度を養うこと」が規定された。さらに文部科学省（2011）では，**キャリア教育**は「一人一人の社会的・職業的自立に向け，必要な基盤となる能力や態度を育てることを通して，キャリア発達を促す教育」と定義され，幼児期から高等教育までの体系的なキャリア教育を推進する方向性が打ち出された。すなわちキャリア教育は，卒業後の進路いわゆる出口指導に限定されるものでなく，子どもたちが生涯にわたる生き方＝キャリアを作り上げるうえで基盤となる，社会的・職業的自立を目指すものである。

さらに「社会的・職業的自立，学校から社会・職業への円滑な移行に必要な力」として 5 つの要素が示されている。まず小学校からの「読み・書き・計算」などの『基礎的・基本的な知識技能』を土台に，『基礎的・汎用的能力』，『論理的思考力・想像力』，『意欲・態度・価値観』を養ったうえで特定の職業に就くための『専門的な知識・技能』につなげるものである。このうち特にキャリア教育で重視されているのが『基礎的・汎用的能力』である。分野や職種にかかわらず，社会的・職業的自立に向けて基盤となる能力であり，以下の4つの能力により構成されている。

① 「人間関係形成・社会形成能力」：多様な他者の考えや立場を理解し，相手の意見を聴いて自分の考えを正確に伝えることができるとともに，自分の置かれている状況を受け止め，役割を果たしつつ他者と協力・協働して社会に参画し，今後の社会を積極的に形成することができる力。

② 「自己理解・自己管理能力」：自分が「できること」「意義を感じること」「したいこと」について，社会との相互関係を保ちつつ，今後の自分自身の可能性を含めた肯定的な理解に基づき主体的に行動すると同時に，自らの思考や感情を律し，かつ，今後の成長のために進んで学ぼうとする力。

③ 「課題対応能力」：仕事をするうえでのさまざまな課題を発見・分析し，適切な計画を立ててその課題を処理し解決することができる力。

④ 「キャリアプランニング能力」：「働くこと」の意義を理解し，自ら果たすべきさまざまな立場や役割との関連を踏まえて「働くこと」を位置づけ，多様な生き方に関するさまざまな情報を適切に取捨選択・活用しながら，自ら主体的に判断してキャリアを形成していく力。

これら基礎的・汎用的能力[1]は，皆が同じように身につけることが求められているわけではない。キャリア教育の目的である「社会的・職業的自立」に向けて，各学校は基礎的・汎用的能力を参考にしつつ，学校や地域の実情，児童生徒の実態を踏まえ，より具体的な能力を設定し工夫した教育を行うことが求められている。

[2] キャリア教育における取り組み

キャリア教育は，教育活動全体を通じて組織的・計画的に取り組むものである。特別活動を中心として各教科，特別の教科道徳，総合的な学習の時間（総

1　2016年学習指導要領改訂の方向性を示した中央教育審議会答申では，「基礎的・汎用的能力」を「資質・能力の三つの柱」に沿って整理している。すなわち「知識・技能」，「思考力・判断力・表現力等」，「学びに向かう力・人間性等」にまとめられている（中央教育審議会，2016）。

合的な探究の時間）などをはじめ，学校での日常生活における指導も含めて展開することとされている。そして取り組みは個々に行うのでなく，年間指導計画に位置付け，相互の関係を結びつけながらより深い理解につなげることが目指される[2]。そのために学校は校長のリーダーシップのもとに推進体制を整備し全教職員が協力して取り組むことが必要とされる。すなわち教師には，学校種や免許教科を超えてキャリア教育の意義を理解し，推進の担い手となることが求められている。また学校内のみでなく，保護者や地域，企業やNPO等の関係機関との連携も不可欠である。

キャリア教育では，中学校における職場体験活動，高等学校ではインターンシップなど体験的な活動を重視している。また職業人等の講話・対話によりロールモデルから学ぶことも含まれる。同じ体験でも，中学校ではある職業や仕事を窓口としながら職業や社会を知ることがねらいとなるが，高校ではより具体的に，関心ある職業において必要な知識・技術を理解し試行的な体験となることが目指される。いずれにしても体験活動は事前事後学習も重要である。事前に活動のねらいを理解し自分なりの目標をもち，自己の関心や課題を明確にしておく。また事後には振り返り，すなわち体験を言語化したり他者と互いの体験を共有するなどにより体験を意味付け，自分の成長や今後の学びにつなげることが大切である（文部科学省，2011，2012）。そして狭い意味での進路に関する学びにとどまらず，広く「体験から学ぶ」態度や力を身につけることがキャリア教育の重要な意義の一つといえる。

キャリア教育の評価は主に二つあり，一つは個々の児童生徒に対する評価であり，もう一つは学校の教育活動におけるプログラムへの評価である。前者では，検査法・調査法など定量的な評価と，面接法や観察法，ポートフォリオ（8章4節参照）などの定性的な評価を組み合わせ，生徒の成長や変容を多様な方法で評価することが考えられる。とりわけ2020年には小学校から高校まで一貫したポートフォリオとなる「キャリア・パスポート」が導入され，子どもが自らの経験を振り返り成長を自己評価し，将来につなげる学びのプロセスの充実に資するものといえる。

2　中学校・高等学校における実践については文部科学省（2011，2012）ほか参照。

後者のプログラム評価は，PDCA サイクル（Plan ；計画，Do；実行，Check；評価，Action；改善）に沿って行われる。計画（Plan）段階では目標の設定が重要である。そしてブルームの示す教育評価のプロセス（8 章 3 節参照）は評価（Check）時のみならずサイクル全体に関わり，プログラムの計画時には**診断的評価**，すなわち子どもたちや学校の状態を把握したうえでプログラムに活かす，プログラムの実行時には**形成的評価**，すなわち学習の進み具合を把握し方法や内容を修正して改善をしていく。そしてプログラムや学期・学年等の終了時に**総括的評価**を行い更なる改善につなげていくのである（京免，2020）。

3. 青年期のキャリア発達段階

[1] 発達段階を踏まえた理解

キャリア教育は，先にも述べたように子どもの発達段階に応じて，全人的な成長・発達を支援する視点に立って行うこと，小学校段階から系統的に行うことが重視されている。文部科学省（2006）では，小学校，中学校，高等学校におけるキャリア発達段階として各段階における発達課題を示している（表 11-1）。

まず，小学校段階は「進路の探索・選択にかかる基盤形成の時期」であり，課題として「自己および他者への積極的な関心の形成」などが挙げられている。この段階は，具体的な職業を考えるというよりその基礎づくりの時期である。学校という集団生活のなかでルールやマナーがあることや，他者と協調して関わることを学ぶ。そして「自分」と「役割」について知ることが重要である（下村，2009）。すなわち自分は何が好きでどんな関心があるのかに気づき他者に表明することは，その後自分に適した進路を選ぶ力につながる。また具体的な人との関わりや，たとえば班・係活動や家庭の手伝いなどの経験を通じて，大人がさまざまな役割を分担しながら社会生活を送っていることを理解することなどが将来のキャリア発達の基礎になる。

表 11-1　小学校・中学校・高等学校におけるキャリア発達（文部科学省，2006）

小学校	中学校	高等学校
〈キャリア発達段階〉		
進路の探索・選択にかかる基盤形成の時期	現実的探索と暫定的選択の時期	現実的探索・試行と社会的移行準備の時期
・自己及び他者への積極的関心の形成・発展 ・身のまわりの仕事や環境への関心・意欲の向上 ・夢や希望，憧れる自己イメージの獲得 ・勤労を重んじ目標に向かって努力する態度の形成	・肯定的自己理解と自己有用感の獲得 ・興味・関心等に基づく勤労観，職業観の形成 ・進路計画の立案と暫定的選択 ・生き方や進路に関する現実的探索	・自己理解の深化と自己受容 ・選択基準としての勤労観，職業観の確立 ・将来設計の立案と社会的移行の準備 ・進路の現実吟味と試行的参加

[2] 中学生のキャリア発達段階

中学生段階は，「現実的探索と暫定的選択の時期」である。そして肯定的自己理解の獲得や，生き方や進路に関する現実的探索等が課題となる（**表 11-1**）。

この時期はまず将来に向けて意識づけをし，自分や職業について基本的な理解を形作ることが目標となる（下村，2009）。自分の将来について夢や理想をもつ時期である一方，卒業後の進路選択を迫られ，自分の意思で現実的に選択・決定することを求められる時期でもある。

キャリア発達段階は，本書でもこれまで触れてきたような思春期・青年期の発達の諸相を基盤としている。思春期は，身体の急速な発達とともに自我が目覚め，親・大人から独立の欲求が高まり，社会の一員としての自覚が芽生える。一方友人との親密な関係を求めたり，他者との比較や葛藤を時に経験しながら，現実の自分と向きあう最初の時期である（武蔵，2012）。さらにピアジェの認知発達段階（2章4節参照）では**形式的操作期**にあたり，他者の視点で客観的に自己を捉えたり，自分を時間軸上において将来を見通すなど，多角的な自己理解が可能になる。中学校のキャリア教育として職場体験活動が定着しているが，具体的な体験や大人との関わりから，抽象的な将来について自分なりの理解を描くことが可能となる時期に応じたものといえる。

また諸富（2007）はこの時期，自己理解を深め価値観（職業観）を育成するとともに，コミュニケーション能力の育成を重視している。思春期は，自己概念が広がりを見せる一方**自尊感情**が低下しやすい時期でもある（4章1節参照)。自己分析を行い自己の興味や価値観を明確にする一方，職場体験等の活動を通じて，普段の生活では関わることのない異なる価値観をもつ大人と話をしたり，体験で感謝された，達成感を感じられたなどの経験をすることは自尊感情を支えることにもなるであろう。そして多様な人との関わりはコミュニケーション能力を高め，**チャム・グループ**から**ピア・グループ**へ，人間関係の発達（3章3節参照）につながるものと考えられる。

一方この時期は発達の個人差が大きく，**不登校**，および**非行**等の不適応の問題（9章参照）が課題となる時期でもある。より一人一人に寄り添った理解と支援が必要である。

[3] 高校生のキャリア発達段階

高校生段階は「現実的探索・試行と社会的移行準備の時期」であり，自己理解の深化と自己受容とともに，勤労観・職業観の確立や，進路の現実吟味と試行的参加等が課題となる（表11-1)。高校生になると，卒業後の進学・就職と密接に関わり自己理解，職業理解ともにより具体的なものが求められ，現実的な選択・決定が行われる。高校は学科や進路などの特徴によりキャリア教育・支援のあり方も多様であり，内容も学校により大きく異なるが，産業構造，雇用環境などその時の社会状況を踏まえた指導支援が必要である。

この時期は，ソーシャルスキルを身につけ，表面的には他者とうまくつきあうことができるようになる一方自己への意識は強く，内面は混乱や葛藤を抱え孤独を感じているなどギャップがあることも多い。**エリクソン**が青年期の発達課題として挙げた**自我同一性**（**アイデンティティ**：4章3節参照）の問題がより顕著となる時期である（武蔵，2012)。職業選択はアイデンティティにおける斉一性（自分は他者と異なる独自な存在である)，連続性（過去，現在，未来を通して連続する存在である）の感覚をもつようになることと深く関わる。**マーシャ**のアイデンティティ・ステイタス（4章3節参照）における，「危機（迷い，悩んだ経験)」を経て「積極的に関与（コミットメント)」するものを見つけるプロセスは，職業選択を含むキャリア発達のプロセスとも重なる。エリクソン（Erikson, 1959）は，アイデンティティ確立に向けて役割実験，すなわちさまざまな社会的役割を試してみることが重要としている。たとえばインターンシップ，特別活動やボランティア等さまざまな経験をしながら，自分に合っていると自信がもてるものを選ぶプロセスが大切なのである。よって学校においては，生徒が互いに体験を共にし成長しあえる場・集団形成がこの時期重要な意味をもつのである。

4. キャリア発達の支援に向けて

これまで主に青年期のキャリア発達および学校におけるキャリア教育について見てきた。ここでは，変化の激しい現代社会における子どもたちへのキャリア発達の支援について考えていきたい。

[1] 社会の変化を踏まえた支援

21 世紀は知識基盤社会と呼ばれるが，情報化，グローバル化など社会は急速に変化している。とりわけインターネットと「もの」がつながることによる IoT（Internet of Things）や人工知能（Artificial Intelligence；AI）などの進化・普及は，社会や生活を大きく変えていくと予想される。こうした社会の変化は複雑で予測困難なものとなっており，どのような職業や生き方をするかにかかわらずすべての子どもたちの生き方に影響するものとなっている（中央教育審議会，2016)。寺田ら（2017）は，日本の労働者の 49% は約 15〜20 年以内に人工知能やロボットで代替可能となるとして代替可能性が高い職種などを予測しており，子どもたちが描く将来の職業のあり方は大きく変わることが予想される。

経済の動向から個人のキャリア形成まで広範囲にわたる予測困難な社会を表す語句として‘VUCA’がある。この語は Volatility（変動性），Uncertainty（不確実性），Complexity（複雑性），Ambiguity（あいまいさ）などの接頭語を並べた造語であり，これからのキャリアを一人一人が考えるうえでも，キャリア支援を考えるうえでも重要な概念である（三村，2020)。子どもたちには，予測困難な変化に対し受け身でなく主体的に向きあい，社会や人生をよりよいものにする力を育むことが求められている。

OECDは2030年に向けた学習の枠組みとして，子どもたちが社会を変革し未来を作りあげるための3つの資質・能力を示している（文部科学省，2018)。1つ目は「新たな価値を創造する力」であり，経済，社会，文化的な課題の解決に向け，新たな製品・サービスのみならず思考方法や生活様式，ビジネス・社会モデルを開発するような力である。ここに適応力，創造力，好奇心などが含まれる。2つ目は「対立やジレンマを克服する力」，すなわち多様な考え方や利害を調整しより統合的に考え行動する力であり，他者への共感性や問題解決能力が重要となる。3つ目は「責任ある行動をとる力」であり，先の2つの前提となる力とされる。自分の行為や仕事の結果を予測し振り返り，意義や価値，限界などを評価し倫理的に行動する力である。ここに自己効力，自己コントロール，問題解決力などが含まれるが，神経科学の知見から責任感を醸成するうえで思春期はより適した時期とも指摘されている。

そしてこれら3つの力いずれにも関わるのは，「他者を理解し協力・協働する力」である。さらに，読解力や数学力に加えてデータを扱う力などの基礎的な力を養うことや，一人一人に適した学習環境を確保することが前提とされる。これまで行ってきた教育・支援の取り組みを大切によりよく活かしながら，新たな時代に向け新たな視点や取り組みを模索する姿勢が大切であろう。

[2] 求められる教師の姿勢

それでは，これからの子どもたちのキャリア発達を支援し教育を担う教師にはどのような姿勢が求められているのだろうか。渡辺（2010）を参考にまとめたい。

まず大切なのは，子どもたちの発達を理解し支援する姿勢である。子どもを一人一人個性をもった独自な存在として理解し尊重することが，それぞれの能力を高め，社会のなかで生きる自信を培い，自立的に生きる力を育成する基礎となる。さらに，子どもたちは体験を通して日々変化し，発達する存在であり，常に新しい目で積極的な関心を向け続けていく姿勢をもちたい。

次に，日々の教育活動をキャリア発達支援の視点をもって捉えなおすことである。特に日ごろの教科指導を見直し，子どもが教科の内容により関心をもち，学ぶ意欲を導き出すよう工夫する姿勢が求められている。日本の子どもたちは学ぶことの楽しさや意義を実感できているという意識が国際的に見て低く，「子供たちに必要な資質・能力を育んでいくためには，各教科等での学びが，一人一人のキャリア形成やよりよい社会づくりにどのようにつながっているのかを見据えながら，（略）教科等を学ぶ本質的な意義を明確にすることが必要になる」と中央教育審議会（2016）は指摘している。

さらに，子どもたちが体験から学ぶ力や態度を育むことである。体験から学ぶことの重要性は先に述べたが，その際教師に求められる姿勢として，まず子どもの学びや気づきが教師のねらいと必ずしも同じとは限らないことを認めつつ子どもの思いを優先させることが挙げられる。そのことで子どもは学びへの好奇心や意欲を育てることができる。ただし子どもの興味関心に任せきりにするのでなく，子どもが教師のねらいを理解し受け入れる土台を作ることが目指される。そして子どもの行動を成功か失敗かで評価するのでなく，予期しないことを経験することの意義を伝えつつ，子どもが体験を通して自己・他者理解を深める支援をすることが大切である。くわえて，一つの体験にとどまらず複数の体験を統合し，新たな意味や視点を見出すよう，教師が意図的に働きかけ，子どもの視野を広げることも大切な役割である（渡辺，2010）。

最後に，社会に目を向け，自らの社会観を問い続ける姿勢を挙げたい。変化の激しい社会において，子どもたちが自らの人生や社会をより良いものにしていく力を育むためには，教師・大人たち自身も社会の動きを捉え，子どもたちに将来どのような社会で生きていってほしいのかを考える必要があるだろう。下村（2020）はキャリア支援にあたって，社会に適応するよう支援するだけでなく，たとえば困難な環境にある人々を支えられるよう，社会を変えていく方向性を，多様性，公平性を求める社会正義の問題として示している。子どもを育む教師・大人は，社会観すなわち政治，経済，文化などを含めて広い意味で自分が生きている社会をどう捉えているか（峰尾，2017），常に意識しておきたい。

5. 例題について考えてみよう

急速に変化する社会のなかで生き抜くために必要な環境を選択するなど，適応に向けた行動を導くものとして注目され，特にキャリア選択においては，事前の見通しを立てて自律的に行動することに関わる（若松ら，2019）とされるのが，6 章 7 節で紹介されている**自己効力**である。

自己効力は，**バンデュラ**（Bandura, A.）によって提唱され，日常的な言い方をすれば，「自分はある行動をうまく行える」という感覚のことである。そして現在学校で行われているキャリア教育の理論的な基盤となっている（下村，2009）。テイラーとベッツ（Taylor & Betz, 1983）は，進路選択に対する自己効力を提唱した。そして進路選択に対する自己効力の高い者は，進路選択行動を活発に行い努力する一方，自己効力の低い者は，進路選択行動を避けたり，不十分な活動に終始する傾向があるとした。

自己効力は生得的なものでなく，4 つの情報源を用いて自らあるいは支援によって伸ばしうるものである。その情報源とは影響力の大きい順に遂行行動の達成，代理的経験，言語的説得，情動的喚起である。

キャリア教育にあてはめれば，遂行行動の達成は，実際に経験してみることや課題に必要な行動を達成できた経験であり，中学生の職場体験，高校生のインターンシップなどがあたる。実際に経験することが難しい場合，代理的経験，たとえば職場見学などで働いている他者の様子を見ることなども有効である。さらには言語的説得，たとえば職業人から話を聞いたり書かれた文章を読むことや，励ましの言葉をかけられることなども効果がある。なお，モデルになる人はなるべく身近で類似性のある方が望ましく，少し上の先輩などがより良いとされる。そして将来への不安が取り除かれたり，前向きな気分を感じられる，情動的喚起が起きることも自己効力が高まることにつながる。

教師は子どもたちのキャリアを支援するうえで，学んだ理論や知見を実際の子どもたちとの関わりや教育に具体的に活かすことが求められている。本書の最終章にあたり，本書で学んだことをキャリア発達への支援に限らず実際の教育に活かす視点で捉えなおしてみるとよいだろう。

発展図書案内

下村英雄（2009）．キャリア教育の心理学―大人は，子どもと若者に何を伝えたいのか

東海教育研究所

→キャリア教育について心理学の立場から，幅広いテーマをわかりやすく取り上げている。小・中・高校生のキャリア支援のみならず，本書の主たる読者，大学生の皆さんが自身のキャリアを考えるうえでも有用な書である。

渡辺三枝子（編著）（2018）．新版　キャリアの心理学［第2版］―キャリア支援への発達的アプローチ　ナカニシヤ出版

→キャリアに関する代表的な心理学的理論・アプローチを紹介している。キャリア支援に携わるうえで，多くの理論を学ぶことの意義を示す書である。

引用文献

中央教育審議会（2011）．今後の学校におけるキャリア教育・職業教育の在り方について（答申）〈https://www.mext.go.jp/component/b_menu/shingi/toushin/_icsFiles/afieldfile/2011/02/01/1301878_1_1.pdf〉

中央教育審議会（2016）．幼稚園，小学校，中学校，高等学校及び特別支援学校の学習指導要領等の改善及び必要な方策等について（答申）〈https://www.mext.go.jp/b_menu/shingi/chukyo/chukyo0/toushin/_icsFiles/afieldfile/2017/01/10/1380902_0.pdf〉

Erikson, E. H.（1959）. *Identity and the life cycle*. New York：W.W. Norton.（西平　直・中島由恵（訳）（2011）．アイデンティティとライフサイクル　誠信書房）

菊池武剋（2012）．キャリア教育　日本労働研究雑誌，*54*（4），50-53.

京免徹雄（2020）．キャリア教育における評価　日本キャリア教育学会（編）新版キャリア教育概説　東洋館出版社　pp. 156-171.

三村隆男（2020）．AI時代とキャリア教育　日本キャリア教育学会編　新版キャリア教育概説　東洋館出版社　pp. 206-211.

峰尾菜生子（2017）．大学生における日本社会に対する社会観の特徴　青年心理学研究，*28*, 67-85.

文部科学省（2006）．小学校・中学校・高等学校　キャリア教育推進の手引―児童生徒一人一人の勤労観，職業観を育てるために―〈https://www.nier.go.jp/shido/centerhp/21career.shiryou/honbun/koumoku/1-05.pdf〉

文部科学省（2011）．中学校キャリア教育の手引き 教育出版

文部科学省（2012）．高等学校キャリア教育の手引き 教育出版

文部科学省（2018）．OECD Education 2030プロジェクトについて〈https://www.oecd.org/education/2030-project/about/documents/OECD-Education-2030-Position-Paper_Japanese.pdf〉

諸富祥彦（2007）．「7つの力」を育てるキャリア教育　図書文化

武蔵由佳（2012）．子どもの心理・発達課題と問題　河村茂雄（編）教育相談の理論と実際　図書文化　pp 22-31.

内閣府（2014）．我が国と諸外国の若者の意識に関する調査（平成25年度）〈https://www

8.cao.go.jp/youth/kenkyu/thinking/h 25/pdf/b 2_1.pdf〉
内閣府（2019）. 我が国と諸外国の若者の意識に関する調査（平成 30 年度）〈https：//www8.cao.go.jp/youth/kenkyu/ishiki/h 30/pdf/s 2-4.pdf〉
下村英雄（2009）．キャリア教育の心理学　東海教育研究所
下村英雄（2020）．社会正義のキャリア支援　図書文化
Super, D. E., Savickas, M., & Super, C. M.（1996）. The life-span approach to careers. In D. Brown, L. Brook, & Associates (Eds.), *Career choice and development.* 3rd ed. San Francisco, CA： Jossey-Bass Publishers. pp. 121-178.
Taylor, K. M., & Betz, N. E.（1983）. Applications of self-efficacy theory to understanding and treatment of career indecision. *Journal of Vocational Behavior, 22,* 63-81.
寺田知太・上田恵陶奈・岸浩稔・森井愛子（2017）．誰が日本の労働力を支えるのか？　東洋経済新報社
若松養亮・白井利明・浦上昌則・安達智子（2019）．キャリアに対する支援の課題と展望―「合格・内定指導」・「やりたい職業見つけ」を超えて―　教育心理学年報，*58,* 201-216.
渡辺三枝子（2010）．キャリア教育実践上の鍵　渡辺三枝子・鹿嶋研之助・若松養亮（著）学校教育とキャリア教育の創造　学文社　pp. 78-100.

コラム 11　計画された偶発性

現代社会がめまぐるしく変化するなかで，将来の夢や，やりたい仕事が見つからないという若者も多いだろう。キャリアの目標を明確にし，それに向けて邁進できれば良いと思いつつ，明確な目標が見つからなかったり，目標があったとしても思った通りにいかないこともある。

心理学者クランボルツ（Krumboltz, J. D.）は，「計画された偶発性」理論を提唱した。個人のキャリアは予期しない偶然の出来事によって影響されるものであり，「偶然の出会いをきっかけにいまの仕事に就いた」など良い結果につながることも多い。だから偶然の出来事をうまくキャリア形成に活かしていこうというものである。

そうすると思った通りにいかなくても少し気が楽に感じられるかもしれない。ただポイントは「計画された」という語である。すなわち，偶然の出来事や人との出会いを活かすには，準備・心構えが必要ということである。それは「好奇心」，「持続性」，「柔軟性」，「楽観性」，「冒険心」の5つである。

たとえば「好奇心」はさまざまなものに関心を向けていること，「持続性」は困難に遭遇しても粘り強く取り組むこと，「柔軟性」は自分の考えにこだわりすぎずさまざまな考えを取り入れたり状況に応じて変更すること，「楽観性」は予想外のことが起きても否定的に捉えずにチャンスと受け止めること，そして「冒険心」は失敗を恐れずに，チャレンジする気持ちをもって行動することである。こうした心構えをもち主体的に行動することで，偶然を味方につけチャンスを切り拓くことができるのだという。

キャリアの諸理論を参考に，私たちはキャリアについて「計画性」をもち準備することと，「偶発性」に対しオープンでいることの両方を意識しておきたい。

事項索引

た

な

人名索引

た

な

は

執筆者一覧（五十音順，*は編者）

岡田佳子（おかだ・よしこ）
芝浦工業大学工学部土木工学科教授
担当：7章，コラム7

荻野佳代子（おぎの・かよこ）*
神奈川大学人間科学部教授
担当：4章，9章，11章，コラム11

近藤昭一（こんどう・しょういち）
神奈川大学人間科学部非常勤講師
北里大学保健衛生専門学院非常勤講師
担当：コラム3

杉山　崇（すぎやま・たかし）
神奈川大学人間科学部教授
担当：コラム6

鈴木淳子（すずき・じゅんこ）
元横浜市児童相談所こころのケア係長
担当：コラム1

関口昌秀（せきぐち・まさひで）*
神奈川大学経営学部教授
担当：2章，8章，コラム2，
　　　コラム8

関水しのぶ（せきみず・しのぶ）
横浜市教育総合相談センタースクールカウンセラー
担当：コラム9

瀧ヶ崎隆司（たきがさき・たかし）
日本工業大学共通教育学群教授
担当：6章，コラム5

田坂裕子（たさか・ゆうこ）
鶴見大学短期大学部保育科准教授
担当：コラム10

馬場久志（ばば・ひさし）
埼玉大学教育学部教授
担当：5章

古屋喜美代（ふるや・きみよ）*
神奈川大学人間科学部教授
担当：1章，3章，10章

三國隆子（みくに・りゅうこ）
東京未来大学通信教育課程こども心理学部特任教授
担当：コラム4

児童生徒理解のための教育心理学［第2版］

2023年3月30日　第2版第1刷発行　定価はカヴァーに表示してあります

編　者　古屋喜美代
関口　昌秀
荻野佳代子
発行者　中西　良
発行所　株式会社ナカニシヤ出版
〒606-8161　京都市左京区一乗寺木ノ本町15番地
Telephone　075-723-0111
Facsimile　075-723-0095
Website http://www.nakanishiya.co.jp/
Email　iihon-ippai@nakanishiya.co.jp
郵便振替　01030-0-13128

装幀＝白沢　正／印刷・製本＝亜細亜印刷
Printed in Japan.

ISBN 978-4-7795-1706-8